名人传

伍子胥
弃小义，雪大耻

林佑儒 著　程刚 绘

人民文学出版社
PEOPLE'S LITERATURE PUBLISHING HOUSE

著作权合同登记:图字 01-2023-1696 号

© 三民书局股份有限公司

本著作中文简体字版由三民书局股份有限公司授权上海九久读书人文化实业有限公司与人民文学出版社在中国大陆(台湾、香港、澳门地区除外)独家出版。

图书在版编目(CIP)数据

伍子胥:弃小义,雪大耻/林佑儒著;程刚绘.—北京:人民文学出版社,2018(2024.11 重印)
(名人传)
ISBN 978-7-02-014290-3

Ⅰ.①伍… Ⅱ.①林…②程… Ⅲ.①伍子胥(?—前484)-传记 Ⅳ.①K827=25

中国版本图书馆 CIP 数据核字(2018)第 103877 号

责任编辑　卜艳冰　吕昱雯
装帧设计　汪佳诗

出版发行　人民文学出版社
社　　址　北京市朝内大街 166 号
邮政编码　100705
印　　制　山东新华印务有限公司
经　　销　全国新华书店等
字　　数　54 千字
开　　本　890 毫米×1240 毫米　1/32
印　　张　4
版　　次　2018 年 8 月北京第 1 版
印　　次　2024 年 11 月第 3 次印刷
书　　号　978-7-02-014290-3
定　　价　35.00 元

如有印装质量问题,请与本社图书销售中心调换。电话:010-65233595

序

不论世界如何演变，科技如何发达，但凡养成了阅读习惯，这将是一生中享用不尽的财富。

三民书局的刘振强董事长，想必也是一位深信读书是人生最大财富的人，在读书人数往下滑落的多元化时代，他仍然坚信读书的重要性。刘董事长也时常感念，在他困苦贫穷的青少年时期，是书使他坚强向上；在社会普遍困苦、生活简陋的年代，也是书成了他最好的良伴。他希望在他的有生之年，分享这份资产，让其他读者可以充分使用。

"名人传"系列规划出版有关文学、艺术、人文、政治与科学等各行各业有贡献的人物故事，邀请各领域专业的学者、作家同心协力编写，费时多年，分梯次出版。在越来越多元化的世界中，每个人都有各自的才华与潜力，每个朝代也都有其可歌可泣的故事，但是在故事背后所具有的一个共同点，就是每个传记主人公在困苦中不屈不挠的经历，这些经历经由各位作者用心查阅有关资料，再三推敲求证，再以文学之笔，写出了有趣而感人的故事。

西谚有云：世界因有各式各样不同的人，才更加多彩多姿。这套书就是以"人"的故事为主旨，不刻意美化主人公，以他们的生活经历为主轴，深入描写他们成长的环境、家庭教育与童年生活，深入探索是什么因素造成了他们的与众不同，是什么力量驱动了他们锲而不舍地前行。以日常生活中的小故事来描写出这些人为什么能使梦想成真，尤其在阅读这些作品时，能于心领神会中得到灵感。

和一般从外文翻译出来的伟人传记所不同的是，此套书的特色是由熟悉文学的作者用心收集资料，将知识融入有趣的故事，并以文学之笔，深入浅出写出适合大多数人阅读的人物传记。在探讨每位人物的内在心理因素之余，也希望读者从阅读中激励出个人内在的潜力和梦想。我相信每个人都会发呆做梦，当你发呆和做梦的同时，书是你最私密的好友。在阅读中，没有批判和讥讽，却可随书中的主人公海阔天空一起遨游，或狂想或计划，而成为心灵

知交。不仅留下从阅读中得到的神交良伴（一个回忆），如果能家人共读，读后一起讨论，绵绵相传，留下共同回忆，何尝不是一派幸福的场景！

谨以此套"名人传"丛书送给所有爱读书的人。你们都是世界上最幸福的人，因为一直有书为伴，与爱同行。

目 录

1. 逃亡时期 …………… 1
   - 灾难的开始 …………… 1
   - 祸到临头 …………… 4
   - 坎坷连连 …………… 8
   - 一夜急白了发 …………… 12
   - 伍子胥终于过了昭关 …………… 18
2. 筹划报仇大计时期 …………… 26
   - 流落街头 …………… 26
   - 向公子姬光推荐专诸 …………… 30
   - 伯嚭投靠伍子胥 …………… 38
   - 举荐孙武为吴国效力 …………… 40
   - 步步迈向复仇之路 …………… 46
   - 多年仇恨终得报 …………… 53
   - 有恩必报 …………… 56

伍子胥与申包胥 ………………… 58
　　吴国击败楚国称霸 ……………… 63
3. 晚年时期 …………………………… 69
　　付出忠心辅助君王 ……………… 69
　　伍子胥的先见之明 ……………… 72
　　忠言逆耳 ………………………… 79
　　君臣关系日渐恶化 ……………… 86
　　生聚教训 ………………………… 91
　　苦口婆心的伍子胥 ……………… 94
　　以死劝谏 ………………………… 99
　　伍子胥与属镂剑 ………………… 105
　　伍子胥的预言应验了 …………… 110

　伍子胥小档案 …………………… 115

名人传

伍子胥

?—前484

1. 逃亡时期

灾难的开始

距今两千多年前，当时的中国正值春秋时代。仅是长江流域和黄河流域一带，就曾经出现过一百多个国家，各个国家的君王是诸侯。自从宠爱褒姒的周幽王被犬戎所杀，周平王东迁到洛阳后，当时周朝的天子只是名义上统治所有国家的天子，实际上每个诸侯不断地扩充国力，都希望自己能够当上统治天下的霸主。楚国是位于现在湖北、湖南、河南以及安徽一带的大国。

楚国的国君是楚平王，他身边的宠臣费无忌建议：太子年纪不小了，该订下一门亲事，而且应与当时的另一个强国——秦国联姻，以增强楚国的势力。楚平王觉得费无忌言之有理，于是派遣费无忌前往秦国为太子求亲。

这原本是一桩美满的婚事，却因为费无忌的阴谋，而种下了祸害。原来，费无忌发现这位秦国的女子是个国色天香的大美人，他为了讨好楚平王，竟然向楚平王献计，劝楚平王将这位美女纳为己有，而让太子另外再娶。楚平王竟然也答应了这样荒唐的要求，于是，自己娶了原本应该嫁给自己儿子的美丽秦女。

费无忌利用秦女来谄媚楚平王的同时，也在心里担心太子建会因此记仇。更害怕只要平王一过世，太子建便会动手杀他，以作为报复。于是，费无忌在平王的面前进谗言，说尽太子的坏话。另一方面，由于太子建的母亲是蔡国的女子，楚平王并不宠爱她，因此平王对太子建的态度越来越冷淡，越来越疏远。他还派太子去镇守边疆，以防外敌入侵，这等于是把太子放逐到偏远的地方去了。

隔年，秦女为楚平王生下一子，楚平王视为珍宝，于是取名为"轸"。楚平王十分宠爱秦女，而费无忌又不断地造谣太子建将勾结诸侯谋反，楚平王一方面为了讨好秦女，一方面也顾忌自己的儿子会记恨他，于是打算废太子建，改立轸为太子。

楚平王召来当时担任太傅①的伍奢，想探探他的态度。

"你知道太子建有反叛的预谋吗?"

"大王哪！您娶了太子的未婚妻已经错了，现在又听信奸人的谗言，而怀疑自己的骨肉，大王哪！您于心何忍哪！"伍奢语重心长地说。虽然他说的句句都是实话，但也像支支利箭，又直又猛地刺中楚王的自尊心。楚王哪能容忍这样的谏言，于是一声令下把伍奢以谋反的罪名囚禁于大牢之中。

不过，费无忌担心伍奢的两个儿子会与自己为敌，于是向楚平王进奏："伍奢的两个儿子——伍尚和伍员②都是人中豪杰，如果让他们逃走，日后一定会成为大患，何不用他们的父亲作为诱饵，让他们来，好除此祸根。"

昏庸的楚平王一听，觉得是绝妙好计，于是给伍奢竹简③和笔，说："虽然你教唆太子谋反，本来应该斩首示

---

① 太傅：负责教导太子的老师。
② 伍员：即伍子胥，"子胥"是他的字。
③ 竹简：古时纸张未出现之前，人们将竹子剖削成片，在上面刻写文字。

众,不过念在你的祖父对朝廷有功,我就不计较你的过错了!你现在如果写信,召唤你的两个儿子进朝廷,就可以告老还乡了。"

伍奢很伤心地回答说:"我的大儿子伍尚为人忠厚,我叫他来,他必然会来。但是我的小儿子伍员个性刚强,他应该知道来了将面临被捕的命运,一定不会来。"

但是楚平王根本不听。伍奢心里明白楚平王想骗他的儿子们来,一起处决,但是又无法违逆君王的命令,纵然心中有千百个不愿,还是得提笔写信,滴滴辛酸的眼泪更不能流出来,只能往肚子里吞。

祸到临头

楚平王派的人快马加鞭地赶到城父①,一见到伍奢的长子伍尚便连声贺喜。

"我的父亲现在正在监狱里,何喜之有?"

"您有所不知,大王念在您先祖的功绩,只要你们两

---

① 城父:是太子建的封地,伍奢是太子建的老师,因此伍家人亦在此居住。

兄弟去见大王，大王就不追究伍奢的罪过了。"

"父亲能承蒙大王赦免，是天大的恩惠，为了父亲，我会面见大王的。"伍尚虽然嘴里这样说，心里却明白即使去了，父亲也未必能被赦免，但是如果他不去，父亲活命的机会肯定是没有了。

然而，伍子胥拿着父亲的信件，只是反复地看着，脸上没有一丝欣喜的表情，眉宇间反而有了忧虑的神色，如同藤蔓一样交缠着。他对哥哥伍尚说："平王召见我们兄弟，并非是为了赦免父亲，而是担心我们有人脱逃，造成后患，所以才拿父亲当人质引诱我们两个去。如果我们都去了，会面临三人都被杀的命运，对于父亲根本没有帮助，到时候也没有人可以为父亲报仇。所以，还不如亡命他国，请外力帮助，总比全部被杀要好。"

伍子胥生得一表人才，文武皆通，他的个性比哥哥伍尚敏锐强悍。他一口下了这样的定论，让伍尚不知如何是好。

"就算是陷阱，在临死前能见父亲一面也好。而且，如果我不去，日后又不能为父亲雪耻，将成为天下人的笑柄。"伍尚悲哀无奈地说。

"和父亲一起被杀有什么用呢？哥哥你若是非去不可，我只好在此和哥哥告别。"伍子胥了解哥哥的个性，只能痛苦地说。

"那你能去哪里呢？"伍尚泪流满面地问。

"只要是能报仇的地方，我就去。"伍子胥表情虽然哀凄，但是语气却是十分坚定。

"我的能力远不及你，我去郢都，你逃到其他国家去。我将和父亲一起死，算是尽了孝道。而你为父亲复仇，来成全孝道，从此我们各奔东西，不再相见。"伍尚泪流满面地说。

伍子胥也难过得说不出话来，只能向哥哥伍尚拜别，他心里明白，哥哥这一去将永不复返。

果然，伍尚一到，立刻就被关进监牢，而且楚平王还下令将伍奢、伍尚父子都处死。费无忌一看伍子胥并没有随着伍尚一同前来，立即奏请楚平王下令捉拿伍子胥。

伍子胥一听说楚兵要来捉他，放声大哭，因为他明白父亲和哥哥都如他所预料的一样，难逃一死。他只能难过

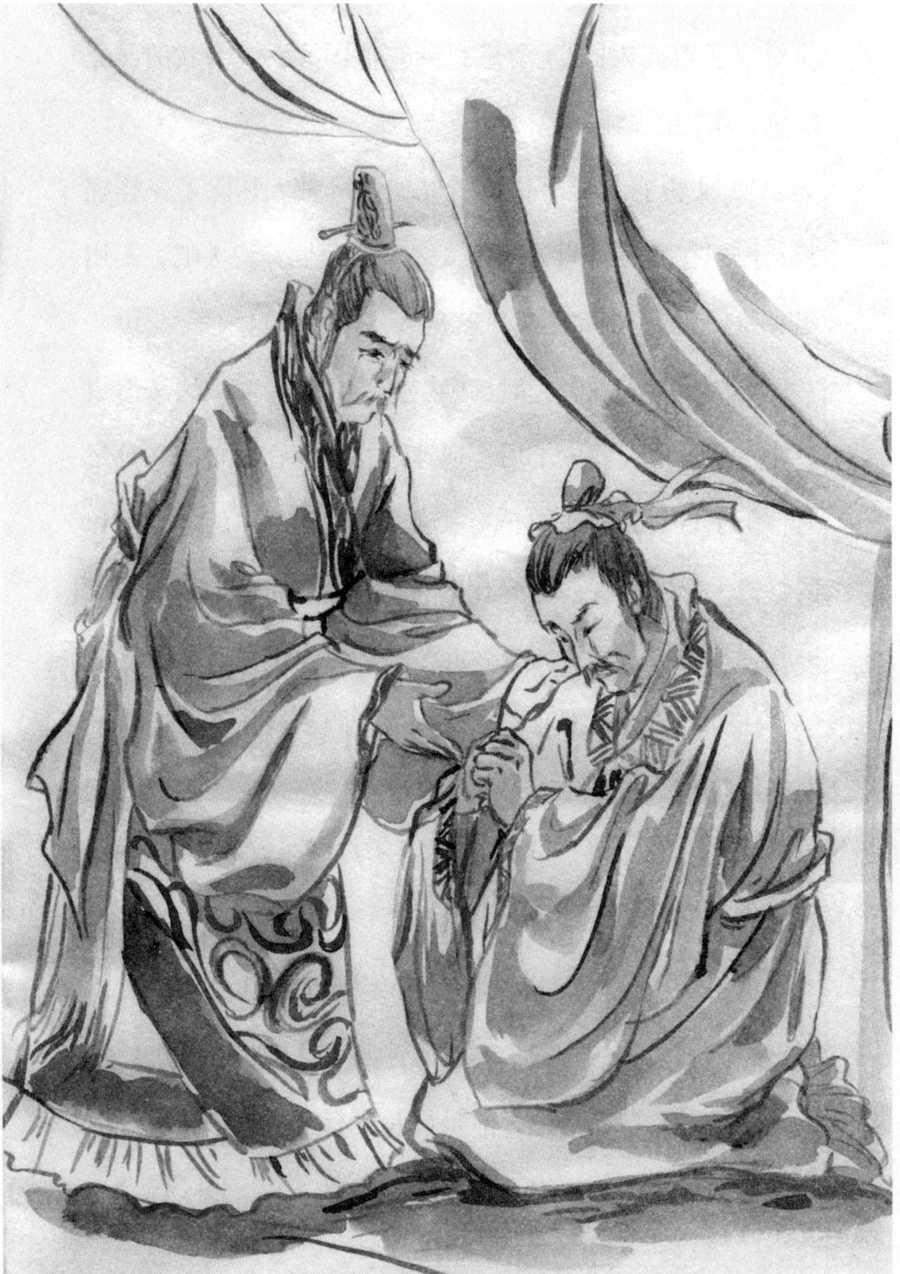

地对妻子贾氏说："我要逃亡到其他国家去，为我的父兄报仇，不能照顾你，怎么办呢？"

"大丈夫有父兄之仇，就好像肺肝被人切除了一样痛苦，你现在哪有时间为了妇人之事而烦恼？快去吧，不用担心我！"贾氏说完之后，就进入房间上吊自杀了。

等伍子胥发现时为时已晚，他难过得号啕大哭，但也只能在匆忙地埋葬妻子后，速速逃亡。就在短短的几日之内，伍子胥失去了他的至亲家人，只因为昏庸的楚平王和佞臣费无忌的陷害，他的心里除了满满的悲痛之外，还有一股强烈的恨意。然而身后的楚兵却穷追不舍，眼前，他要保住自己的性命都有困难了，他能顺利逃往他国，为家人报仇吗？

坎坷连连

当伍奢、伍尚父子被押至市集斩首之时，伍尚大骂费无忌陷害忠良。伍奢却说："不要再说了！忠臣或是奸佞，日后世人自有定论，但是员儿没有来，我想日后楚国的君臣百姓是不能安心过日子了。"话说完，引颈就戮。

伍奢深深了解小儿子伍子胥刚烈的性格，日后必定会回到楚国来报仇，到时候又是一场灾难。看到这样的忠臣被杀，旁观的百姓都哀戚痛哭。

费无忌向楚平王转述了伍奢的话，楚平王立即派三千名士兵追捕伍子胥。伍子胥逃到大江边时，突然心生一计，把自己所穿的白衣挂在江边的柳树上，鞋子脱下来放在岸边。追兵到达江边，看到衣服和鞋子，却不见伍子胥的人影，也没听说有尸体浮出水面，于是回去禀告楚平王：伍子胥不知去向。

费无忌再度献计，请楚平王颁布捉拿伍子胥的奖赏令，凡能捉到伍子胥的人，可以获得五万石粟米，并且赐给上大夫爵位，而凡是收留伍子胥或是帮助他逃亡的人，一律处死。并且每个关隘出口都严加盘查，再派使节去昭告各国诸侯，不得收留伍子胥。费无忌这一计等于是阻绝了伍子胥所有逃亡的路，让伍子胥未来的命运更为艰险。

伍子胥一路沿着大江往东而行，他一心想投靠长江下游的吴国，但是奈何路途遥远，途中又必须提防追捕他的官兵和企图拿他领赏的人，一路上饱尝艰辛。在逃亡途中，伍子胥巧遇昔日好友申包胥。伍子胥对申包胥说起他悲惨的命运，申包胥很是同情。

"你今后将往哪里去呢？"

"杀父之仇，不共戴天，我将逃往别的国家，借兵攻打楚国。我一定要吃了楚平王的肉，把费无忌五马分尸，以泄我心头之恨！"伍子胥的复仇之火从心里烧到眼中，他的眼神锐利而且坚决，让申包胥看了心头一惊。

"子胥，你有杀父之仇，但是我必须忠于国家，为了朋友之间的情谊，我不会泄漏你的行踪，不过日后你若领兵攻楚，我一定会站出来保护我的国家，请多保重。"尽管和伍子胥的想法不同，但申包胥还是表明了自己的态度。

和申包胥告别之后，伍子胥决定到宋国与流亡在外的太子建会合。过了一日，伍子胥在宋国找到太子建。一个是被自己亲生父亲追杀，一个则是失去了所有的亲人，两个人都是满腹辛酸，抱头痛哭。

伍子胥从太子建那里听说宋国处于内政极不安定的状

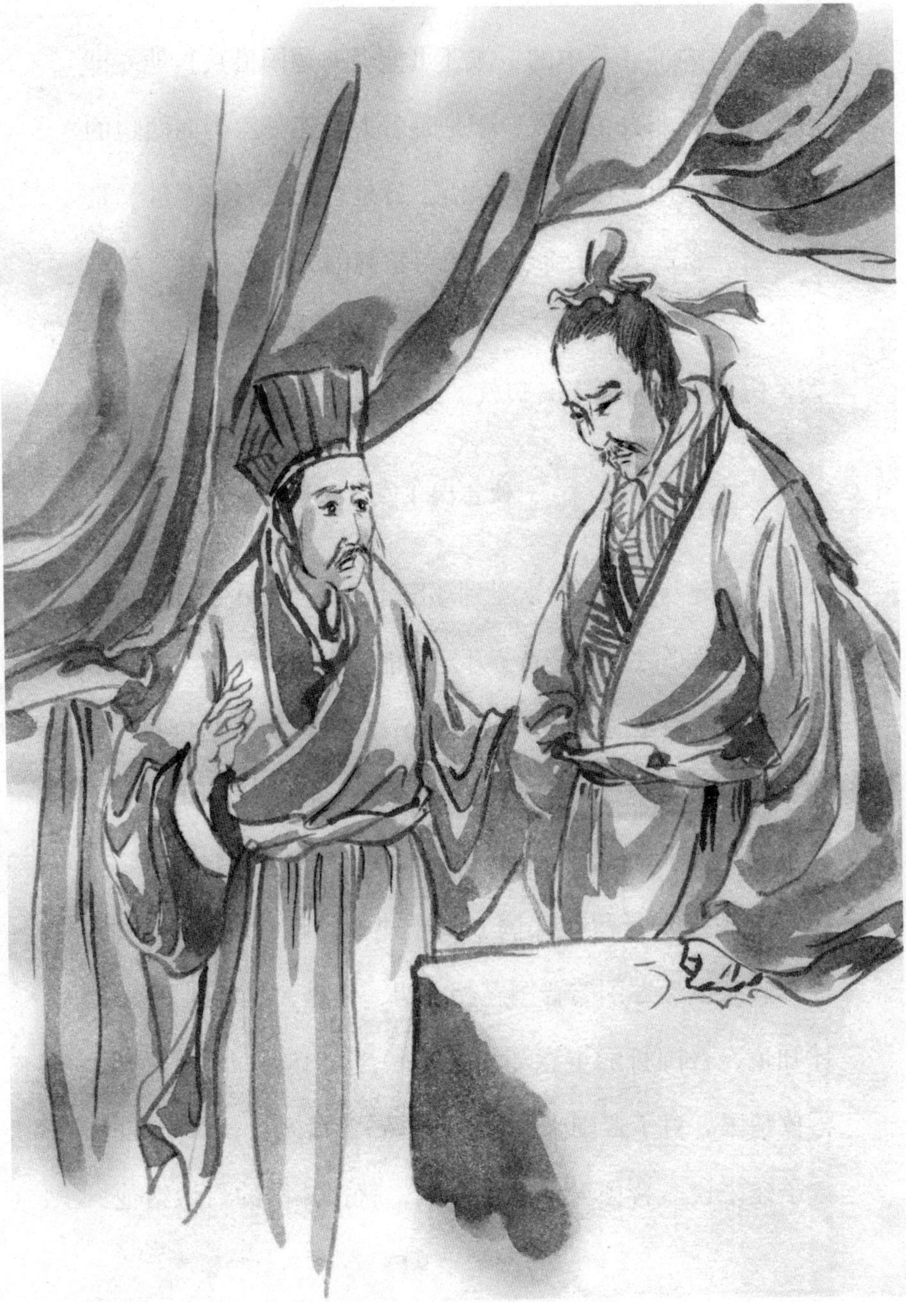

态，而且内部斗争中的一派还可能会向楚国借兵，他立即感到宋国并非久留之处，于是带着太子建一家奔向西边的郑国。郑国国君郑定公久闻伍子胥是忠臣之后，而且又是个才智兼备的人才，加上郑国与楚国的关系正好处于敌对状态，因此便热情地以华屋美食接待伍子胥与太子建一行人，伍子胥暂时松了一口气。

一夜急白了发

太子建与伍子胥每次见到郑定公，都会哭诉他们所遭遇的冤屈，言下之意就是希望郑定公能派出兵马攻楚。郑定公当然明白，但是他也有自己的难处，只好对太子建主仆二人说："郑国是小国，兵力薄弱，实在爱莫能助。你们如果想要报仇，何不考虑国势强盛的晋国呢？"

于是伍子胥留在郑国，太子建亲自前往晋国寻求协助。当时虽然郑国与晋国互相结盟，但是太子建到晋国后才知道，晋国打的主意却是希望联合太子建一同灭郑国，再攻楚国。对于晋国来说，这是一石二鸟之计；对落难的太子建来说，晋国允诺灭了郑国，就把郑国的封地给他，又答应他一同攻楚,这是天大的好处,他没有办法抗拒这样的诱惑,欣然地答应了。

太子建回到郑国之后,把他与晋国密谋的大事告诉伍子胥,伍子胥忧虑地劝谏说:"郑定公以诚信接待我们,您不应该这样算计他。"

"可是我已经答应晋国了!"太子建根本听不进伍子胥的话。

"不帮晋国的忙,不会造成多大的错误,但是如果图谋郑国,那么就失去信义了!如果太子真的一意孤行,一定会招来灾祸的!"伍子胥直言不讳地说。但是太子建一心只贪图现成的利益,还是不顾伍子胥的苦劝,偷偷地与晋国进行密约。

然而,纸终究包不住火,郑定公还是发现了太子建与晋国共商的计谋,于是先发制人地杀了太子建。伍子胥听闻事情败露,只能匆忙地带着太子建的儿子胜,逃出郑国。

伍子胥思量着,为今之计也只有投奔吴国了,于是带着公子胜一路逃亡到了昭关。昭关是吴楚两国的交界。只

13

要过了昭关，就是前往吴国的水路长江。但是这个关隘可不容易过，其一是因这个关口既是交通要塞，又是军事要塞，本来就设兵驻守；其二是楚国下令捉拿伍子胥，各个关口都详细盘查往来的人，伍子胥的画像又被张贴在各处。他思量自己带着年幼的公子胜要过昭关，简直就像没有翅膀的鸟儿要飞一样，根本不可能！

正当伍子胥在昭关附近的历阳山徘徊苦恼的时候，有个白发老翁经过，白发老翁对他行了个礼，一开口就说："想必阁下是伍员吧！"

"为何如此问？"伍子胥心中惊骇不已，一边强作镇定地问老翁，一边紧握手中的兵器。

"阁下不必担心，我是扁鹊①的弟子东皋公。从年轻时就周游列国济世行医，现在老了，隐居在这附近。前几日出门行医，正好看见您被张贴在市集的肖像，所以才认得阁下。寒舍就在山后，可以到那里，比较好说话。"

---

① 扁鹊：春秋时代名医，本名秦越人，据说有妙手回春的精湛医术。因为古人认为医术高明的医生如同喜鹊一样，到处为病人带来好消息，因此称秦越人为扁鹊。

伍子胥见老翁气质不凡，说话中肯有理，自己又无路可去，只好带着公子胜一同前往。

伍子胥一到东皋公家中，便把他所蒙受的冤屈与仇恨告诉东皋公，并且寻求帮助。

"我一生行医救人，是不可能把你们送入虎口，眼看着你们丧命的！不过，要过昭关并非容易的事，必须仔细想想，你们就暂且住在这里，我一定会想办法送你们出关的。"东皋公这一席话，让伍子胥感激涕零，于是就暂住下来。

不过，一连七天，东皋公只是每天用丰盛的饮食招待公子胜主仆二人，对于过关的事却是只字未提。伍子胥按捺不住心中的焦急，对东皋公说："子胥身上背负着深仇大恨，只要大仇未报，就觉得度日如年，像死人一样，请先生理解。"

东皋公只是淡淡地回答："我已经想好对策，只是必须等待一个朋友来。"

东皋公的回答并不能解除伍子胥的忧虑，伍子胥忧心地思量着如何过关，一直到夜里也辗转难眠。他想向东皋公辞行，但又担心过不了关。而如果继续住在这里，又不知血海深仇何时才能报。伍子胥的思绪像一架两头无法平衡的天平，上上下下地摇摆着，又想到失去亲人的痛苦，被楚王追杀至此穷途潦倒的景况，让他的心像被蚂蚁啃噬、被火灼烧一般痛苦不已。就这样，伍子胥被扰人的思虑折磨着，一直到天亮都无法入睡。

清晨，东皋公进房找伍子胥，表情十分惊讶："阁下的发须怎么全都变了颜色呢？"

伍子胥不相信，拿出镜子一照，发现自己的头发胡须竟然如同冬天的雪花一样苍白。被痛苦的思绪折磨一夜的委屈，在瞬间通通涌了上来，他不禁大声痛哭："我的发须都白了，还是一事无成！"

东皋公却微笑着说："恭喜！恭喜！您过昭关有望了！"

伍子胥听了一头雾水，擦了擦眼泪问东皋公说："您这是什么意思？"

"因为阁下相貌堂堂，气质不凡，一般人很容易认出您的模样。现在您的头发白了，让人不易辨识。而且我的

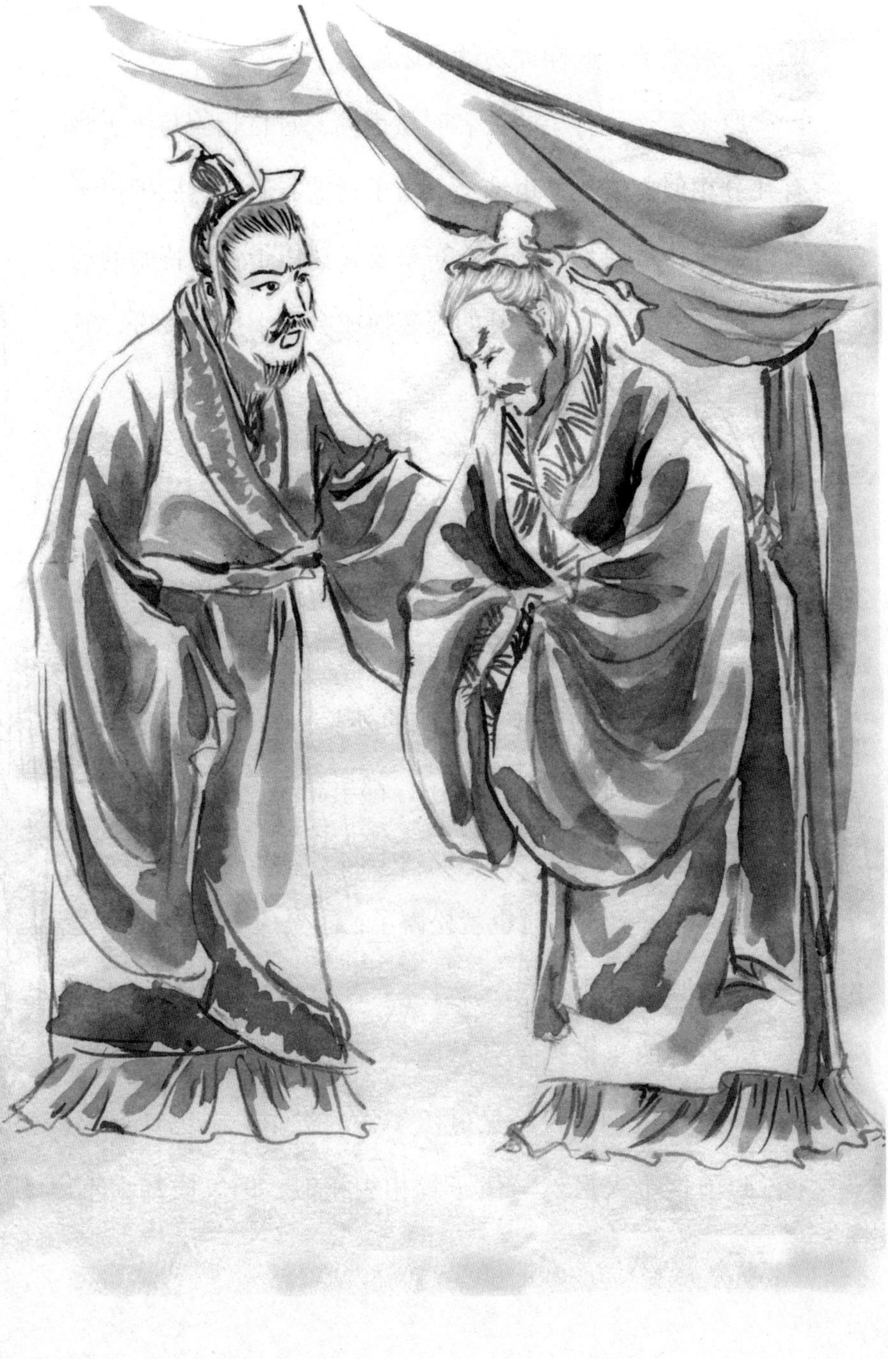

朋友已经来了，这样计划就可以施行了。"

原来东皋公有个朋友名叫皇甫讷，身材相貌与伍子胥有几分相似，他让皇甫讷穿上伍子胥的衣服，然后把伍子胥打扮成朴素的乡野之民。东皋公又让伍子胥用特制的药水把脸洗黑，再把公子胜的服装换成乡下小孩的装扮，然后等待黎明出关。

伍子胥终于过了昭关

楚国将领在昭关口下令凡是要过关者，都必须仔细盘查。兵士拿着伍子胥的画像一边盘问，一边比对。皇甫讷一到昭关，因为与伍子胥相似的外貌，立刻就被捉了起来。百姓们听到伍子胥被捉了，都争相要一睹他的真容，造成了一阵混乱。另一方面，兵士们一听说伍子胥已经被捉到了，在过关盘问时也就松懈了，于是伍子胥便带着公子胜轻松地蒙混过去了。

被收押的皇甫讷见到楚国将军时，才说自己是东皋公的朋友皇甫讷。曾经见过伍子胥的将军心中也疑惑起来，眼前这个人虽然与伍子胥相貌相似，但气质却大不相同。

此时，东皋公正好来访，对将军说："听说将军已经捉到楚国流亡的臣子伍子胥，老朽特来向将军道贺。"

楚将军对东皋公说出他的疑虑，东皋公说自己曾与伍子胥有一面之缘，或许能帮忙辨认一下。当皇甫讷一见到东皋公，便故意用怨恨的口气说："东皋公，您和我相约在关口，为何不早点来，让我蒙受如此之冤？"

东皋公赶忙禀告楚国将军说："他是我的朋友皇甫讷呀！我们相约在昭关见面，打算一同出游。结果我突然肚子不舒服，上了个厕所，所以晚来了一会儿。没想到，他居然被当成罪犯抓起来了！"

楚国将军自然是尴尬万分，赶快释放皇甫讷，并且摆酒赔罪。就这样，在东皋公的绝妙安排与皇甫讷的仗义相助之下，伍子胥总算有惊无险地带着公子胜踏上前往吴国的路途。

伍子胥一路带着公子胜往长江而行，经过千辛万苦终于到达江边。但是望着滔滔江水，伍子胥忧虑起来，眼前无船可渡江，后面的追兵又随时会到，该如何是好？正在此时，江面上出现了一艘小船，伍子胥心中大喜，急忙对着船上的渔夫说："渔丈人，请搭载我们！请搭载我们！"

渔夫听见了伍子胥的声音，并没有立刻靠岸，只是大声地唱着歌，歌词中隐含着请他们躲到芦苇丛中的意思。伍子胥听出歌中的弦外之音，便带着公子胜往下游走，躲入芦苇丛中。果然，过了不久，伍子胥又听见渔夫的歌声，从芦苇丛中探出头来，渔夫已经把船靠拢，准备搭载他们。

"昨天晚上我梦见有一颗灿烂的星星掉入我的船中，果然今天就遇到了先生您。"渔夫如此一说，伍子胥心中就明白渔丈人知道他的身份。

"感谢渔丈人的相助，我无以回报，只能把我仅有的七星宝剑送给你。"伍子胥恭敬地把宝剑递给渔夫。

"楚王下令：'凡捉到伍员的人，能得粟米五万石，并封赐上大夫。'我连这些都不贪图，何况是这把七星宝剑呢？"渔夫笑着说。

"那么，就请阁下告知姓名，日后我一定会报答您的！"

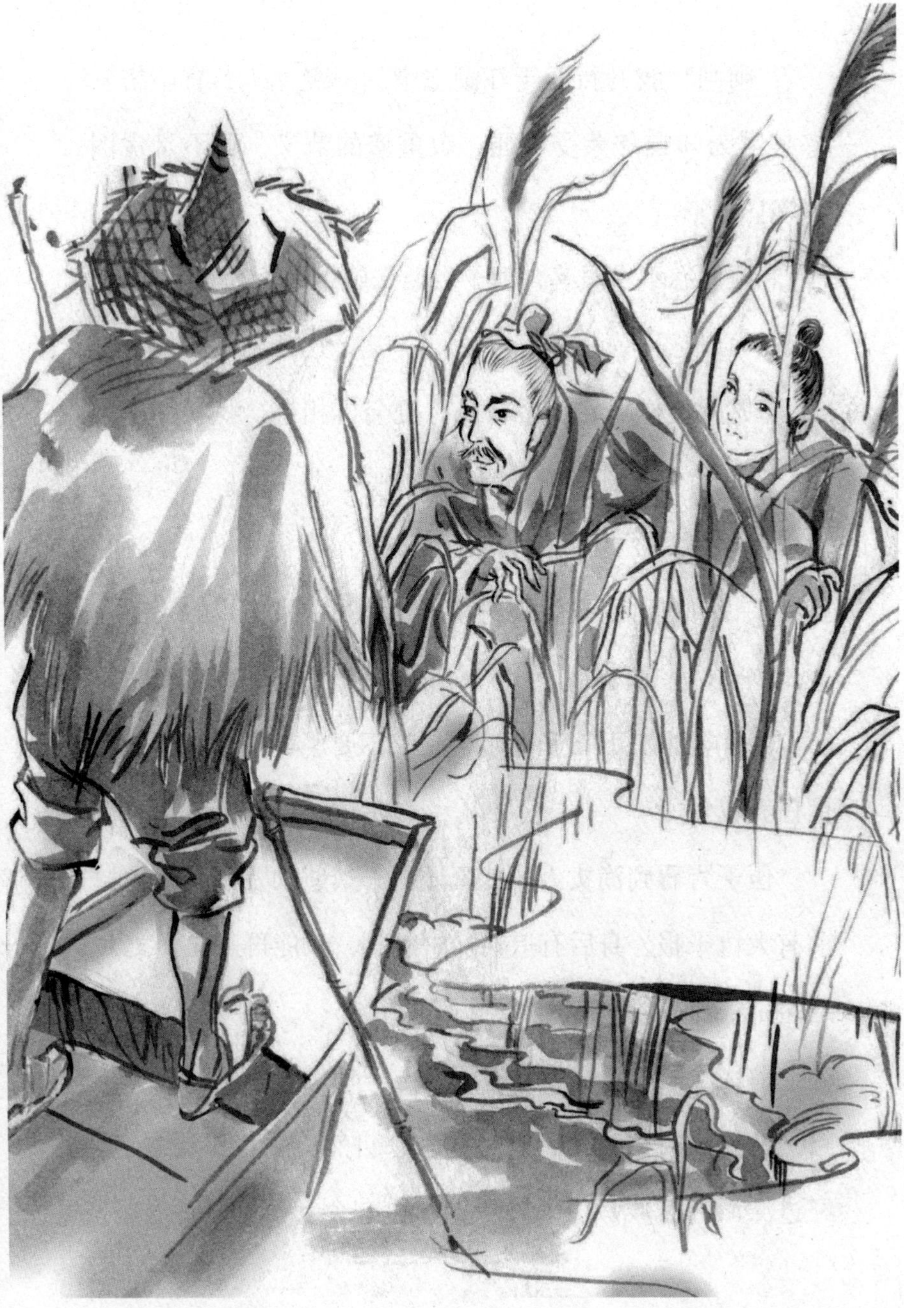

"呵呵！我乃行船于江湖之中的一名渔夫，冒险搭救您是因为知道您蒙受冤屈，敬重您的节义，可不是贪图报答！"

"虽然您不求报答，但子胥蒙您施恩，不知阁下姓名，实在于心难安！"

"那就这样吧，日后若是有机会再相遇，我就称您为'芦中人'，而您称我为'渔丈人'吧！"

伍子胥听了才欣然拜别渔丈人，但临行前仍然不放心地回头说："后面有追兵，我等行踪请渔丈人千万保密！"

渔丈人一听，叹了一口气说："我已经是竭诚帮助您了，我连粟米五万石和七星宝剑都不要了，难道您还不能信任我吗？"

伍子胥看到渔丈人如此真诚，不禁感动万分，但是眼前有大仇未报，身后有追兵随时赶到，只能再三向渔丈人道谢，然后匆匆地带着公子胜速速赶路。

前往吴国的道路十分遥远，伍子胥带着公子胜又要赶路，又要随时注意是否有追兵来，自然就很难餐餐吃饱。经过溧阳的时候，伍子胥看见江边有个女子正在洗衣服，旁边的篮子里有食物，肚子不知不觉咕噜作响，只好硬着头皮开口说："请问夫人可以赏我们一餐饭吃吗？"

那女子低着头说："我单独与母亲住在一起，三十岁尚未嫁人，本来是不方便与陌生男子交谈的，不过看你们狼狈的样子，我也不忍心坐视你们受饥饿之苦。"

于是女子为伍子胥与公子胜各盛一碗饭，伍子胥和公子胜吃完，就把碗放下，虽然肚子还是很饿，却不好意思开口再要一碗吃。

女子开口说："我看你们打算走远路，就吃饱一点吧。"于是又为他们各盛了一碗饭，伍子胥和公子胜吃得碗底朝天，连一粒米都不剩。

伍子胥感激地对女子说："承蒙你的救命之恩，十分感谢。实不相瞒，我们乃是为了活命而赶路，如果后有追兵问起，请千万不要提起。"

女子难过地说："哎呀，我侍奉母亲直到三十岁都没嫁人，一直都守着贞节，没想到因为赠饭而与陌生男人交谈，还不被信任，你走吧。"

伍子胥听了自然是难过万分，他不是不相信热心帮助

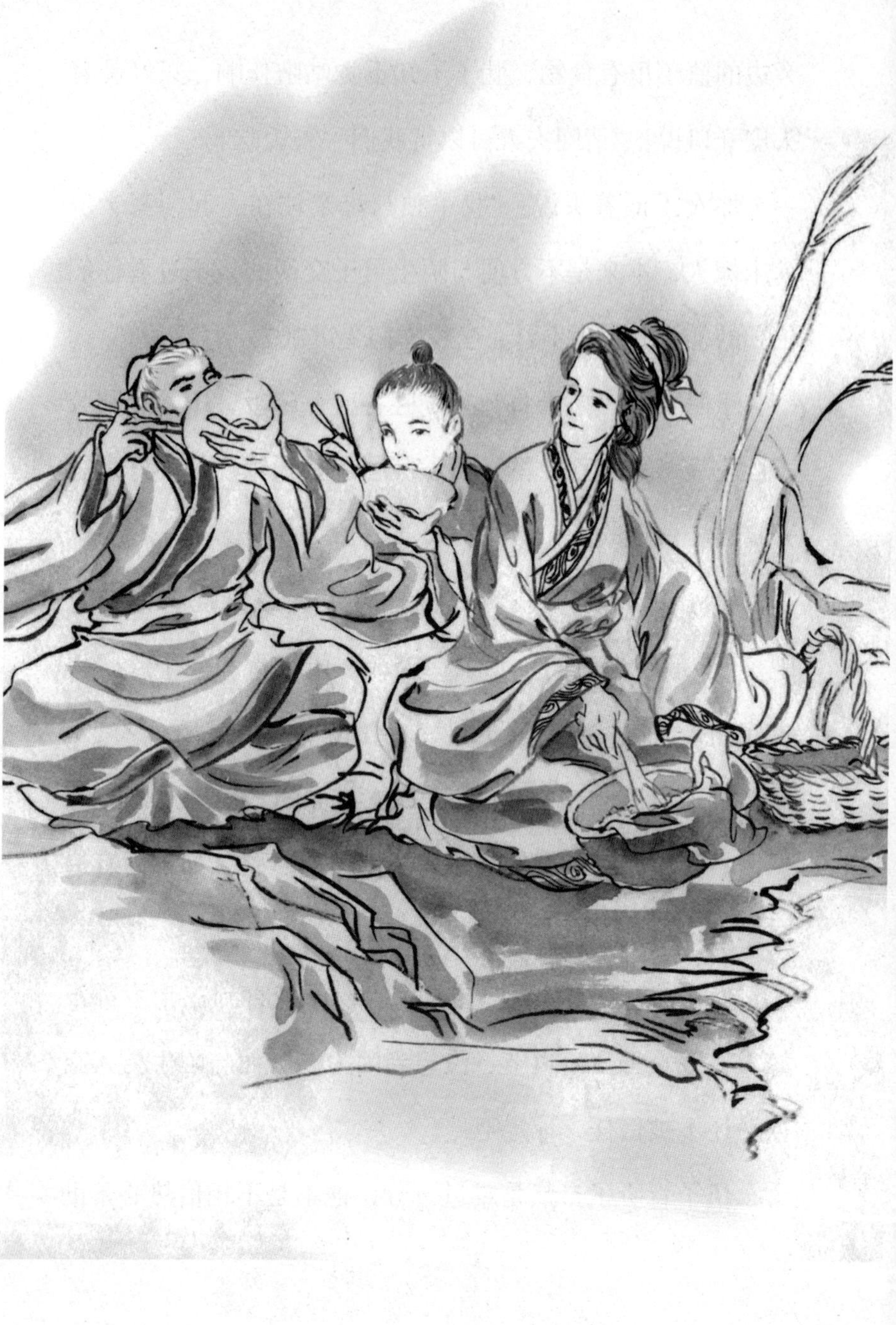

他的女子，只是因为沿途被追兵追逐，随时有生命危险的顾虑，让他不得不小心谨慎。但是他必须赶往吴国，无法仔细地对女子解释他的心情，只能把沿路所受的恩惠牢记在心里。他在心中暗暗发誓，日后一定要再来报答这些人的恩情。

2. 筹划报仇大计时期

流落街头

伍子胥历经千辛万苦，终于带着公子胜进入吴国。他们行经堂邑时，在街上看见一个身材壮硕的猛汉正在和人打架，众人极力劝架都没有用，突然有个老太太喊了一声："专诸，不要再打了！"

只见这彪形大汉居然像只听话的小绵羊，乖乖停手离开。伍子胥觉得十分奇怪，便问周围的人："像这样凶猛的壮汉，怎么会听一个老妇人的话呢？"

"喔！他是我们这里的勇士，名叫专诸，力大无穷，好打抱不平，刚才叫他的妇人是他的母亲。他是个孝子，一听到母亲制止，即使当时他正在盛怒中，也会立即停手。"

伍子胥十分欣赏专诸，于是隔天特地到专诸家拜访。伍子胥与专诸一见面，真是英雄惜英雄，两人对彼此都十分欣赏，说起话来更是交心至极。当专诸知道伍子胥的血海深仇之后，就说："伍大哥应该求见吴王，以求借兵报仇。"

"我正有此打算，日后还请贤弟多多协助。"专诸当然是二话不说，欣然地同意。

于是伍子胥再度启程，到了吴国的梅里。伍子胥在这个舟车扰攘的大城里无亲可依，为了自己和公子胜的安全，只能把公子胜暂时藏在郊区，然后独自一人在市集里吹箫乞食。伍子胥的箫声中有深切的悲哀与无奈，但是往来市集的人没有人听得出来，只当他是个落魄的行乞者。

有一天，吴国公子姬光门下的门客① 被离经过市集，听到了箫声，被其中深沉的悲伤所吸引，再仔细观察吹箫

---

① 门客：这是春秋战国时期流行的特殊风尚，是国君或贵公子储备人才、培植势力的方法。他们在家中，长期供养一批食客，以帮助国君维护国家统治或巩固自己的政治地位。

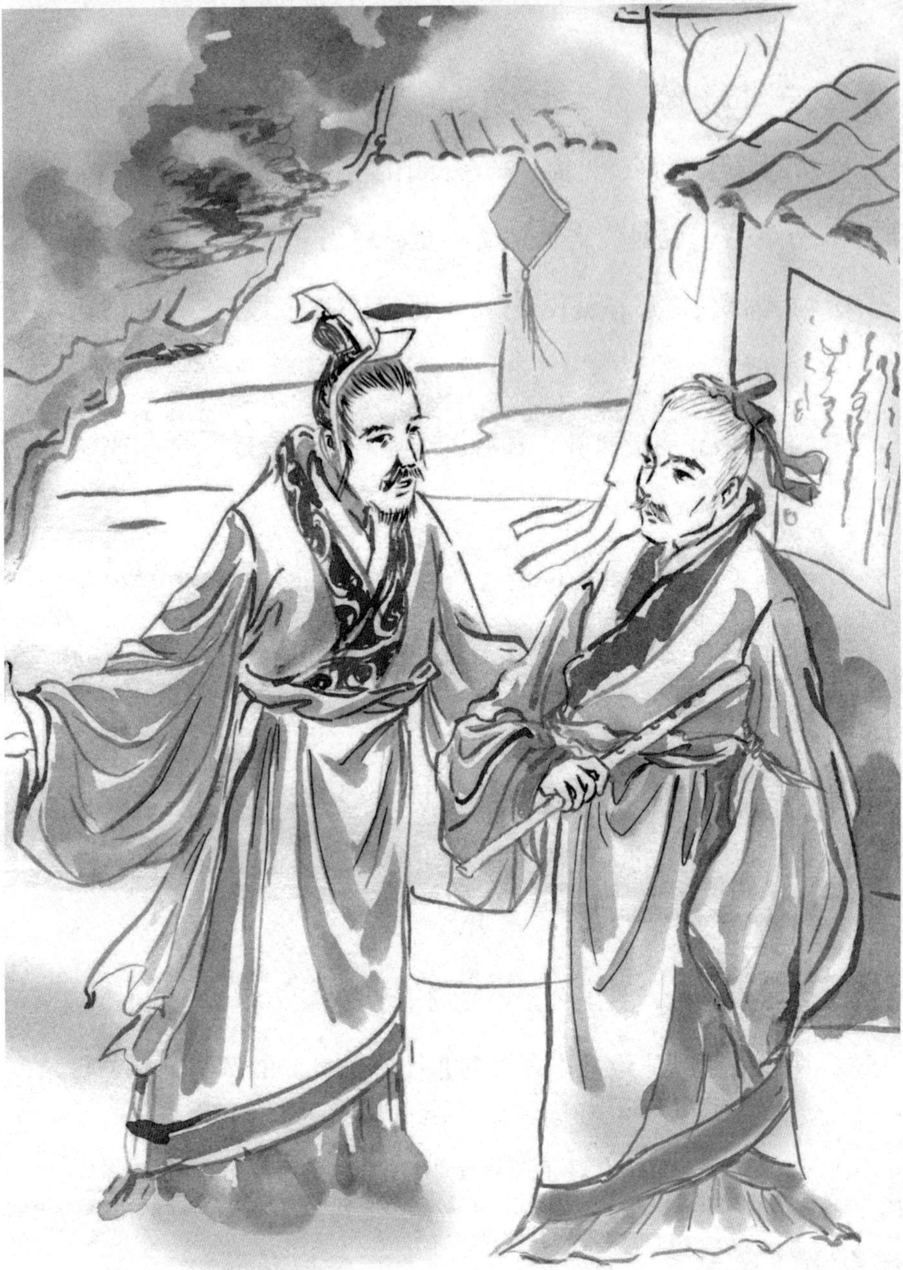

之人，虽然外表落魄潦倒，但眉宇间的气质不凡，目光敏锐。善于看人面相的被离猜测，这位神秘的吹箫人，必定不是等闲之辈，于是便邀请伍子胥到家中坐坐。伍子胥把自己的深仇大恨告诉被离，被离知道伍子胥是个不可多得的人才，如果能善用必定大有作为。本来，被离想把伍子胥引见给吴国的公子姬光，但是当时吴国的国君吴王僚，听说被离在市集找到一个神秘的吹箫贤士，就下令被离带伍子胥入宫。吴王僚一看到伍子胥非凡的仪表，又听到他的谈吐，就知道伍子胥是个人才。当他听了伍子胥的故事之后，更是为他感到不平，甚至兴起想要发兵攻楚的意念。

当时吴王僚虽然是吴国的国君，但是因为用了不正当的方法夺取王位，让他的堂兄——吴国的公子姬光十分不服气，因此公子姬光才派善于看相的被离四处为他招募贤士，以求日后夺回王位。公子姬光听说吴王僚要帮伍子胥伐楚，就担心伍子胥自此投靠吴王僚，因此对吴王僚说："伍子胥劝大王伐楚，乃是为了他个人的恩怨，而不是为了吴国的利益，如果打胜仗，对吴国固然有利，但若是打败仗,则是有辱吴国的声誉呀,请大王三思!"经公子姬光如此一说,吴王僚也觉得有道理,因此打消了兴兵伐楚的想法。

伍子胥知道此事的来龙去脉后,便辞去吴王僚赐给他的大夫官职,带着公子胜到乡野中以耕种为生,日出而作,日落而息,以待复仇时机。

向公子姬光推荐专诸

公子姬光带着米食布匹等礼物去见伍子胥,伍子胥知道公子姬光想借助自己的力量杀掉吴王僚。果然不出所料,公子姬光一开口便说:"伍先生,我知道您是个有才能的人,我十分需要借助您的能力,来为吴国的人民谋福利。"

伍子胥立刻说:"其实,吴国境内有比子胥更值得信赖与重用的勇士,可以协助公子完成大业。"伍子胥指的就是专诸。公子姬光一听十分高兴,他原本就十分欣赏伍子胥的才能,对于伍子胥推荐的人选,自然十分信任,立即请伍子胥带他登门求见。当伍子胥带着公子姬光到专诸家时，专诸正在准备磨刀为人杀猪，伍子胥为公子姬光引见专诸，专诸惊讶地说："我只是个市井小民，怎么好意思让公子亲自来访？"但是公子姬光一心求得人才，一点也不在意专诸家中的简陋，低头进入专诸家低矮的门户，并且拿出金帛礼品送给专诸。这一切让专诸感到受宠若惊，也感激公子姬光的重视。于是，专诸成为公子姬光门下的一名门客。

自此之后，公子姬光请人每天送米肉，每月送布帛到专诸家，并且定期问候专诸的母亲。这些作法让专诸感动极了。

专诸忍不住对公子姬光说："我这样的乡野莽夫，承蒙公子不弃，如此照顾，这样的恩德是我专诸无以为报的，若是有任何差遣，请公子尽管吩咐。"

过了五年，楚平王死了，楚平王当初夺娶原本应是儿媳妇的秦女所生下的儿子轸继位，即为楚昭王。吴王僚趁着楚国国丧，新主即位，内部虚弱之时，派了自己的弟弟盖余、属庸带兵攻打楚国，楚国也立刻发兵迎战吴军，断绝了盖余与属庸的后路，以致吴军进退两难。

公子姬光见时机到了，便对专诸明说了他想暗杀国君吴王僚，夺回王位的想法。

"公子，不瞒您说，不是我缺乏刺杀吴王僚的勇气，而是我的心中还有所挂念。"专诸叹了一口又长又重的气。

"我当然知道，你放心吧，你为国家做大事，我一定会把你的母亲，当作是自己的母亲一般地照顾。"公子姬光诚恳地说。

于是，专诸毅然地同意担任刺杀吴王僚的重大任务。

"可是，吴王僚身边必定有重兵护卫，有什么办法可以亲近他呢？"专诸马上认真思考他的任务。

"吴王僚喜爱美食，特别是烤鱼。"

听公子姬光这么一说，专诸立刻决定动身，前往太湖拜师学习烤鱼的手艺。专诸到太湖苦学了三个月，学得了一手烧鱼的好手艺。公子姬光又向伍子胥讨教下一步应该如何进行，伍子胥说："目前吴国派出攻楚的军队被楚国困住了，吴国国内兵力薄弱，的确是一个好时机。"

伍子胥低头沉思了一会儿，突然眼睛一亮说："请问公子是否有锐利的匕首？"

"有一把鱼肠剑,是先王赐给我的宝物,虽然形状短小,但是削铁如泥,就藏在我的枕头下,以备万一。"公子姬光说完,眼里有一抹比鱼肠剑更锐利的光芒浮现。

伍子胥喜形于色地说:"吴王僚爱吃烤鱼,所以善于烤鱼的专诸要接近他应该不是难事,不过要经过严密的搜查,刺杀吴王僚的武器得放在适合的地方才行,形状短小却锋利无比的鱼肠剑,正好可以放在献给吴王僚的烤鱼之中。"

"在烤鱼之中的鱼肠剑!真是绝妙好计呀!"公子姬光大声地赞赏这个计划,马上带着鱼肠剑,对专诸说明全盘的计划,专诸一看到鱼肠剑,就明白他执行任务的时刻终于来临了,不过性格孝顺的专诸,一想起家中的老母亲,还是对公子姬光说:"此去关乎生死,虽然我已经答应为公子效命,但还是得回去向母亲禀告一声。"

专诸回到家,一看到老母亲,想到这一去就是生离死别,眼泪就掉个不停,他不是害怕送命,而是不舍和自己的母亲分离。

知子莫若母,专诸的母亲了解儿子的心思,便说:

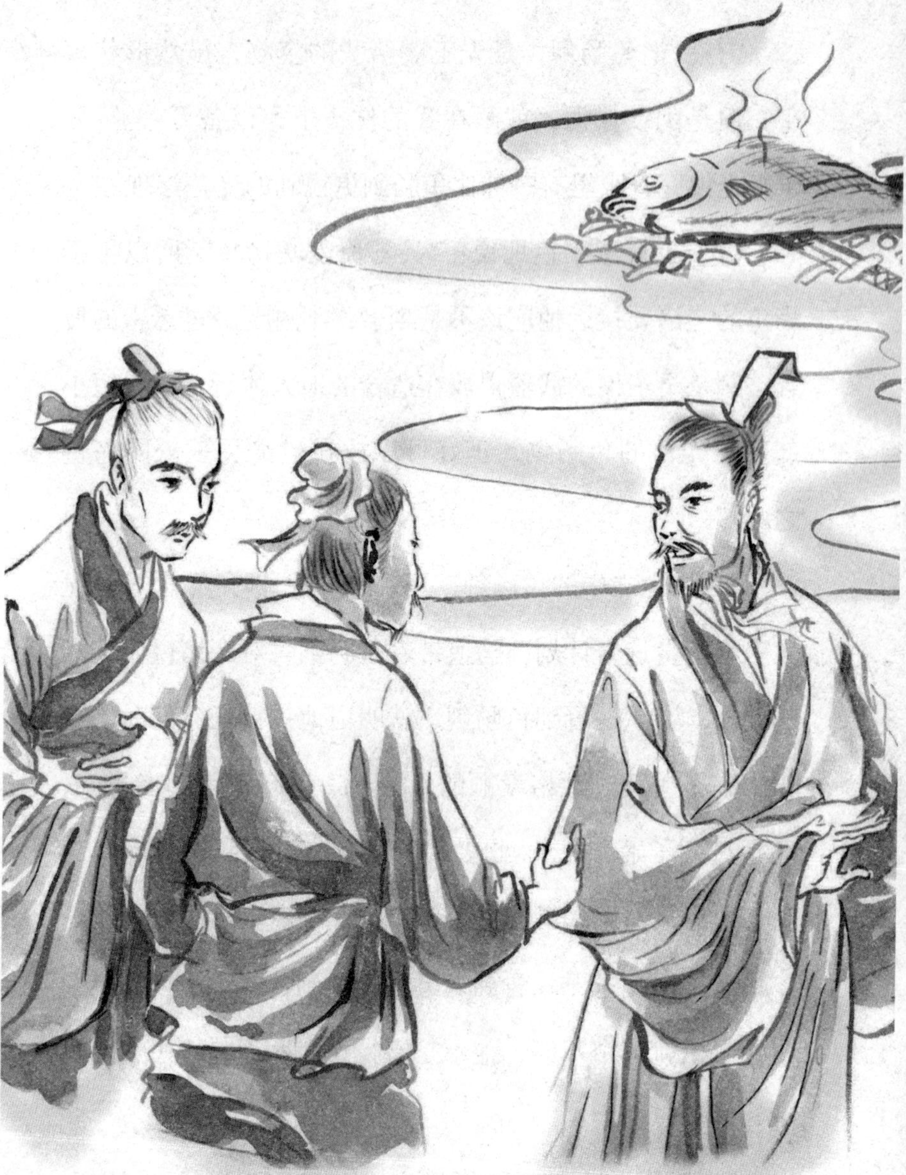

"我儿,不要悲伤!自古忠孝难两全,你一定要去,不要挂念我。你要成就的是名垂千古的大事,有你这样的儿子,我觉得很骄傲。"专诸听了,心中还是十分不舍。

"我想喝点清凉的水,你可以帮我去河边打一桶水吗?"孝顺的专诸当然照办。没想到当他一回到家,却发现母亲房门紧闭,妻子转告他说母亲想休息一下,但是专诸心中有了不祥的预感,他还是推开母亲的房门,发现母亲已经上吊自杀了。

专诸心中明白,母亲这么做,是为了让他能下定决心为公子姬光效力。他伤心得大声痛哭,然后哀痛地埋葬了母亲。

公子姬光把一切人员布署好了之后,便开口邀请吴王僚到家里吃鱼,吴王僚听说是鲜鱼宴席,一口就答应了。

太后劝吴王僚别赴宴,公子姬光对王位应该还是耿耿于怀,也许其中设有圈套。吴王僚也不是没有考虑自己的安危,不过还是说:"别担心,如果不去,关系一定会越来越差,只要加派保卫的士兵,他能奈我何?"

吴王僚的自信不是没有道理的,赴宴当天,吴王穿了厚厚的三层铠甲，身边有一百多名高壮的兵士拿着长戟利刀围绕着，而且每个上菜的厨子都必须经过严密搜身的程序，要在这样的情况下刺杀吴王，简直就是不可能的事情。

当酒喝得酣畅之时，公子姬光假称自己的脚痛，必须进入内室上药，其实他是暗中去嘱咐专诸，端烤鱼出场的时机到了。

吴王僚做梦也没想到，在香喷喷的烤鱼里，藏着一把锐利无比的鱼肠剑。就在专诸上菜接近吴王僚的瞬间，他快速地拨开鱼身，从中抽出匕首，猛然地刺向吴王僚，匕首透过了三层厚厚的铠甲，从背脊透出，吴王僚当场气绝身亡，但是专诸也被立刻蜂拥而上的士兵剁成了肉酱。

因为专诸用鲜血慷慨相助，公子姬光顺利地夺回王位，即是历史上为人所熟知的吴王阖闾。阖闾之所以能顺利成为吴王，最大的功臣非专诸莫属。他即位后，除了礼葬吴王僚，更厚葬刺客专诸，并封专诸之子专毅为上卿——就是职位最高的大臣，算是报答专诸的舍身之恩。

若不是伍子胥向阖闾推荐勇士专诸，并且从中参与谋

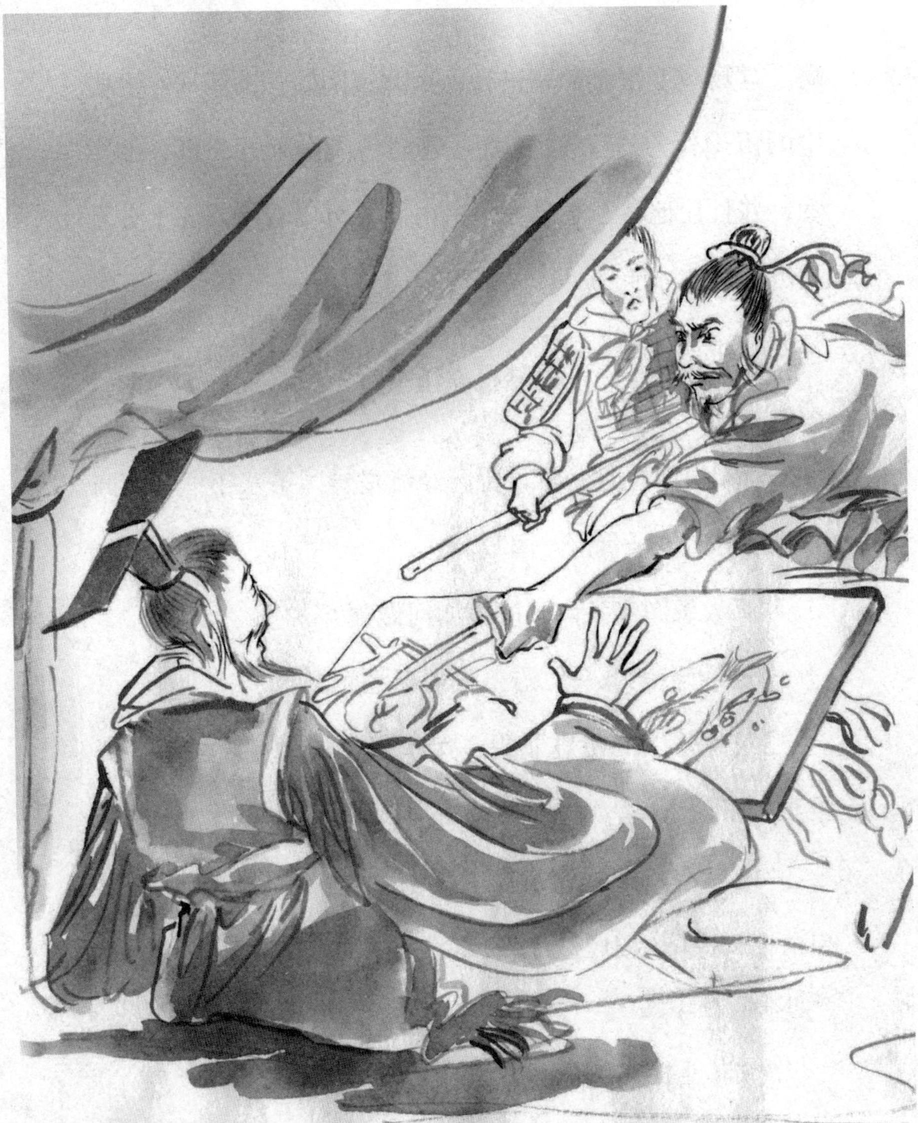

略，这场政变很难顺利进行。因此，阖闾任命隐居在乡野中的伍子胥为"行人"，就是处理各诸侯国外交事务的主管，并且让他参与军政大事。由此，可以看出阖闾十分看重伍子胥的才能。

伯嚭投靠伍子胥

当阖闾即位时，伍子胥已经流亡异国第八年了。阖闾一即位就向伍子胥请益国政。

"寡人想图霸各国，应该如何做呢？"

伍子胥突然低头无语，眼泪夺眶而出。

"我是楚国的叛逃罪犯，父亲和兄长含冤被杀，有幸投奔大王门下，怎敢参与吴国的内政呢？"

"如果不是你献计，我现在也不会在这个位子了。我想请你为吴国效力，为什么如此推托呢？莫非寡人有不足之处？"

"臣并非认为大王有不足之处，只是我大仇未报，自己的事都尚未能处理，何况是参与国政呢？"

"吴国没有一位谋臣的才智高于你，请你千万不要推辞。待国力稳定，我一定为你报仇。"

伍子胥听阖闾如此真诚的请托与承诺，不便再推辞，于是定下心来协助阖闾处理国政。伍子胥建议阖闾强国之道，必须"从近制远"，也就是从内部先建立强固的城郭，设立守卫，充实粮仓，训练精兵。阖闾听了大为赞赏，委托伍子胥全权负责。

此时，有个命运与伍子胥相似的人，名为伯嚭，流亡在外，听说伍子胥投奔吴国，而且被吴王重用，便投奔吴国，向伍子胥哭诉他流亡的遭遇。伍子胥流亡异国，对于与他同病相怜的伯嚭诉说的种种，自然是感同身受，于是向阖闾举荐伯嚭。

阖闾正值图谋强国之际，需要人才帮忙，对于伍子胥又信任有加，因此立即答应了，封伯嚭为大夫，与伍子胥共议国事。

然而，被离却私下对伍子胥说："我看伯嚭这个年轻人，眼睛如鹰眼一般锐利，步履如老虎一样狡猾，这样的人性格贪婪便佞，贪功利且好杀生。你若重用此人，恐怕日后成为祸患。"

以伍子胥的聪明才智与识人之能，其实应该可以辨别被离所说的话是否为真。然而，伍子胥被仇恨冲昏了头，此时他只同情和他有相似遭遇的伯嚭，而无法辨别伯嚭的人品，并没有采纳被离的意见。令人遗憾的是，在若干年后被离的预测成为事实，伍子胥此时的决定，将为他日后的命运增添悲剧的色彩。

举荐孙武为吴国效力

阖闾虽然杀了吴王僚，取得王位，然而，吴王僚的儿子庆忌却逃到艾城，并且积极招募死士，连结邻国，随时伺机等待讨伐吴国，以夺回王位。阖闾知道此事，如同芒刺在背，坐立难安，当年他自己以暗杀政变的方式夺得王位，他当然不能让相同的事发生在自己身上。阖闾再度向伍子胥请求举荐人才，他希望能再有如同专诸一样忠心又不怕死的刺客，为他除去庆忌。伍子胥果然举荐了另一勇士，名为要离，而要离也果真完成了阖闾所托付的任务。

当阖闾知道要离完成他交付的任务后，非常高兴，并且以上卿之礼厚葬要离于城门下,因为阖闾希望要离的亡魂,仍能英勇地为吴国守门。然后,与对专诸一样建庙祀奉,并追封要离的妻子,又以公子之礼厚葬庆忌于吴王僚墓旁,并且大宴群臣。

伍子胥却是食不知味,流着眼泪上奏说:"大王您的祸患都已经除去,但是臣下的大仇何时才能报呢?"

伯嚭也红着眼睛一同奏请阖闾伐楚,阖闾只好答应两人明日再商讨伐楚事宜。

隔天,伍子胥与伯嚭进宫与阖闾商讨,阖闾说:"我想要为你二人出兵,谁当主将呢?"

"请大王做主,一切听大王的吩咐!"伍子胥和伯嚭异口同声地说。

但是阖闾在心中暗暗思量着,眼前这两人都是楚人,如果只想到报仇,未必会为我吴国的利益着想,于是低头不语,又重重地叹一口气。伍子胥看出阖闾的疑虑,于是开口:"莫非大王担心楚国兵多将广?"

阖闾只能无奈地点点头说:"是的!"

"臣有一人选,可以保证伐楚必胜。"阖闾一听,脸色立刻由忧转喜地问:"谁?"

"此人姓孙名武,齐国人。"

伍子胥立刻继续进言:"孙武擅长兵法策略,有鬼神不测之机,天地包藏之妙,自己写了兵法十三篇,没有人知道他的才能,现在隐居在罗浮山东边。若是能请得此人为军师,称霸天下都没问题了!不过,这个人不轻易做官,必须以礼相聘,才有可能请来。"

于是,阖闾请伍子胥带着重礼,前往孙武所住之处,请孙武入宫。阖闾见到孙武,每听到孙武讲解一篇兵法,就惊叹其中的精妙。阖闾对孙武说:"这兵法真是绝妙无比,但是我吴国国小兵微,应该如何呢?"

孙武回答:"臣的兵法不但可训练一般的士兵,连妇女都可以施行。"

阖闾听了鼓掌大笑说:"先生之言未免太不切实际了吧!天下岂有人能训练妇人女子操戈习战?"

"大王以为臣下是夸大其词吗?请将后宫侍女交给臣,由臣亲自示范,如果做不到,臣甘愿承担欺君之罪。"

阖闾立即召宫女三百人,让孙武当场操练。孙武又要求阖闾请出两位宠妃当队长，可发号施令，于是阖闾又召来他的宠妃左姬、右姬。

孙武开始当着阖闾的面，一一发落职责与工作，同时把宫女分成左右二队，右姬管辖右队，左姬管辖左队，并说明军令：一不准队伍混乱；二不准言语喧哗；三不准故意违规。隔天五更鼓时，所有的女兵必须到教场①操练。

次日，五更鼓时间一到，两队宫女都到了教场。一个个身穿甲胄，右手持剑，左手拿盾。二位宠妃则是担任将官，随侍孙武身旁。只见孙武有条不紊地解说操演队形，下令左右二姬传令下去。但是当鼓吏击鼓，宫女行进却是队形混乱，所有的女子都掩嘴笑个不停，连阖闾的两个宠妃也是如此。

孙武大怒，召来执法官说："约束不明，申令不信，乃将领之罪，军法应该如何处置？"

执法官回答："应当斩首！"

于是孙武对左右兵士说："把左姬、右姬两位女队长

---

① 教场：古代操练或检阅军队的地方。

斩首示众！"兵士见孙武发号施令果决，不敢违抗，于是押下阖闾心爱的两位宠妃。

阖闾坐在高台上，看见心爱的宠妃突然间被绑了起来，发现情况不对，急忙让伯嚭去向孙武说："寡人已知道先生用兵之神，但是这两位宠妃每天在旁服侍，如果少了她们两人，寡人将食不知味，请先生赦免！"

但是孙武却正色说："军中无戏言，我已经受命为将，将领在军队中，也无法接受君王的命令。何况，若是因此释放二人，我将如何服众？"于是喝令左右立即斩下二人的首级，当场所有的宫女看得心惊胆战，人心惶惶。

孙武又选了两人担任左右队长，再次进行操演，宫女们的动作整齐划一，有模有样。尽管阖闾看到如此惊人的成果，但是因为痛失两位宠妃，心中对孙武有所不满，打算弃之不用。伍子胥立即劝进："美色易得，良将难求，如果因为二姬而舍弃贤将，就如同喜欢杂草，而不爱美稻。若没有孙武，大王，就很难成就称霸各国的大业呀！"

阖闾这时才醒悟，听进伍子胥的建言，册封孙武为上将军，即为军师，担负伐楚的重任。

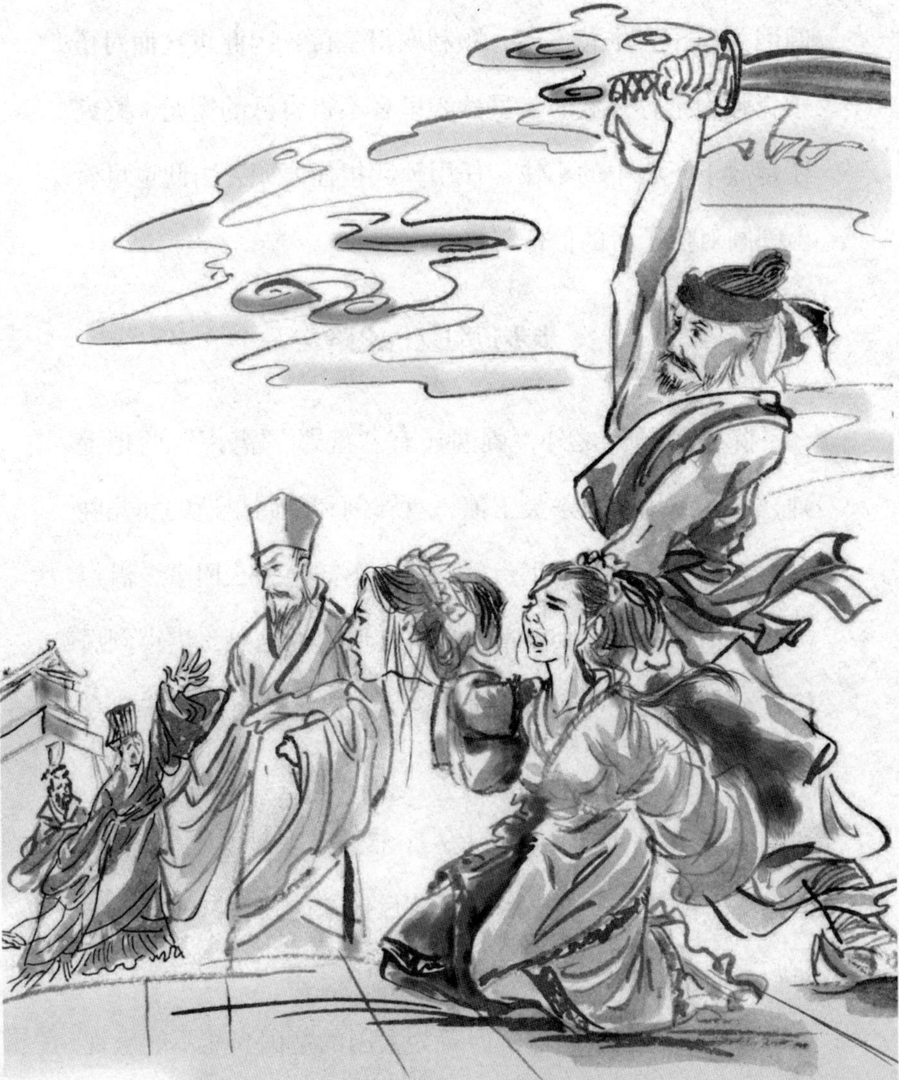

从专诸到孙武，可以看出伍子胥有知人之能。当年阖闾因为伍子胥推荐专诸，顺利取得王位，因此再次面对伍子胥强力推荐孙武时，虽然心里舍不得自己的宠妃，终究还是放下了心中的不快，任用孙武担任要职，由此也可看出阖闾对伍子胥的信任与重视。

步步迈向复仇之路

除了鱼肠剑之外，阖闾还有"盘郢""湛卢"两把宝剑，鱼肠剑用来刺杀吴王僚，盘郢剑和阖闾早逝的女儿胜玉一起陪葬，只剩下湛卢剑。然而不知道怎么回事，湛卢剑居然不翼而飞，阖闾请人调查，回报的结果，湛卢剑居然在楚国，阖闾十分震怒地说："必定是楚昭王贿赂我身边的人来偷剑！"

于是杀了身边侍卫数十人，然后下令孙武、伍子胥、伯嚭率军队伐楚。但是因为军队后援未能及时，只能铩羽而归。

虽然吴国兵败而退，但身为大国的楚国当然不能坐视吴国的攻击。于是，来年，楚国大将囊瓦率兵攻吴，却被孙武与伍子胥率领的军队打败，而且还俘虏了楚国将领。虽然这一仗大胜，但是阖闾一点也不满意。

"没攻入楚国郢都，虽然打胜仗，却感觉一点也不光彩。"

"臣没有一日忘记要攻入郢都报仇这件事，只是楚国国力强大，不可掉以轻心。囊瓦虽然不得民心，但是邻国的诸侯尚未反感他。听说他索贿不断，贪得无厌，不久诸侯反感的时候，就会是攻入郢都的好时机了！"伍子胥的脸色沉着坚定，胸中的复仇之火始终没有熄灭，反而随着时间的推移燃烧得越来越烈。

伍子胥的推断果然十分准确，过不了多久，臣属楚国的两个小国唐、蔡遣使臣拜访吴国。伍子胥很高兴地说："唐、蔡两国必定与楚国结怨，才会派遣使臣前来。看来，上天要帮助我攻入楚国了！"

原来，楚昭王得到了稀世珍宝湛卢剑，各地的小国诸侯都来庆贺，唐成公与蔡昭侯也到了楚国。蔡昭侯有羊脂玉佩一双，银貂鼠皮衣二件，他把两种宝物各送了一件给楚昭王，自己则持有了另外两件。囊瓦看见了十分喜爱，派人向蔡昭侯要这两件宝贝，但是蔡昭侯极爱这两件宝物，舍不得送囊瓦。

而唐成公拥有两匹名贵高大的骏马，因为马的毛色如霜雪一般白，脖子长而英挺，和一种叫作"肃霜"的雁鸟很像，因此名为肃霜马。唐成公将一匹献给楚昭王，自己乘着另一匹进入王宫。囊瓦见肃霜马高大英挺，步伐稳健，爱得不得了，又派人向唐成公要马，唐成公也不答应。于是，囊瓦就对楚昭王说："听说唐、蔡两国私通吴国，如果放他们回去，日后他们难保不会勾结吴国攻楚，不如把他们留下来。"

于是，派了千名守卫说是要保护唐成公与蔡昭侯，实际上是软禁他们两人。因为楚昭王年纪还很小，国政都掌握在囊瓦手上，结果两个人在楚国一住就是三年。最后还是不得不交出宝物，囊瓦才放他们回国。

蔡昭侯出了郢都，怒气在胸中久久不散，于是立誓要向别国借兵伐楚。有人告诉蔡昭侯，吴国的伍子胥、伯嚭与楚国有大仇，吴国必定愿意出兵。

阖闾当然不会放过攻楚的机会，加上孙武分析楚国之所以难攻，是因为其属国众多，现在因为囊瓦专权，属国都和唐、蔡两国一样怨恨楚国，正是攻打楚国的好时机。于是由孙武为将军统领，伍子胥与伯嚭担任副将，带领六万大军攻楚。

在临行之前，孙武突然下令要所有的士兵登陆，把船舰都留在淮水边。伍子胥私下问孙武为何舍弃船舰，因为位于长江之南的吴人，善于驾船攻掠。

孙武说："对方应该料想我们乘船伐楚，把船留在此地，会让楚国以为我们迟迟没有出发，好让他们松懈防御。"

伍子胥听了恍然大悟，十分佩服孙武的军事谋略。

于是大军从陆路而行，果然如孙武所料，囊瓦一听到吴国的船舰都停在淮水边，心中轻松许多。

不久，吴军从陆路攻楚的消息传至楚国，楚昭王急忙召见诸侯共商对策。有的诸侯认为孙武用兵太草率，吴兵一向善于水战，舍弃水路而就陆路，实在不是聪明的做法。于是楚国将军沈尹戌商议兵分两路，一路到淮水边把吴军所有的船都烧了，让他们无路可退；另一边则是由陆路攻击，不善陆战的吴军应该没有胜算。

于是囊瓦带着一万名士兵迎接吴国军队的挑战，吴国与楚国便隔着汉水对峙。不久，沈尹戌的大将武城黑对囊瓦说："吴军舍舟从陆，违背了他们的专长，又对地理形势陌生，现在隔着江对峙数日，又无船可渡江，想必军心怠慢，应该尽速攻击。"

囊瓦的爱将史皇又说："楚国敬佩宰相您的人少，崇拜沈尹戌将军的人却很多，如果依照原来的计谋由将军烧船阻绝吴军，那么战胜后首要的功劳，非将军莫属。不如按照那人的计划，由您亲自率军攻打吴军，迎接胜利才是。"

囊瓦被这一番话打动了，于是不顾之前与沈尹戌的协议，径自率军与吴军开打。不料却被吴军用坚硬的木棒，没头没脑地痛打一顿，楚军从来没有见过如此阵仗，被打得落花流水。

囊瓦十分生气，但是史皇又接着献计说："听说今天阖闾扎营于大别山下，今夜可出其不意前去劫营，就是大功一件！"

但是这样的盘算,早在孙武的预料之中,于是把阖闾安置在汉阴山,但大别山仍然设置旌旗营帐,四周埋伏军队,又让伍子胥带兵五千反劫囊瓦的营帐。

当囊瓦带兵攻入大别山营寨时,发现悄然无声,察觉不对劲时已经被专毅带兵左右围攻,囊瓦只能仓皇而逃,刚刚庆幸逃过追兵,突然听见有人说:"还我肃霜马,就免你一死!"

然后,又有人接着说:"还我银貂鼠皮衣和玉佩,就饶你一命!"

原来是唐成公与蔡昭侯在前面拦截他,让囊瓦又惊讶又羞愧,既着急又慌张。

就在危急的时候,有援兵来救出囊瓦,当囊瓦逃了几里路后,有士兵来报说军寨已被伍子胥攻占,不宜再回。囊瓦听得心胆俱裂,不过还是想先逃再说。

就这样,楚军一路败退,士兵甚至连吃饭的时间都没有,常常都是楚兵正在煮饭时,吴军正好追上,楚军只能弃之而逃,留下的食物正好让吴军果腹,士兵们吃饱了有力气,又继续追赶楚军。在伍子胥的雄才大略与孙武的战

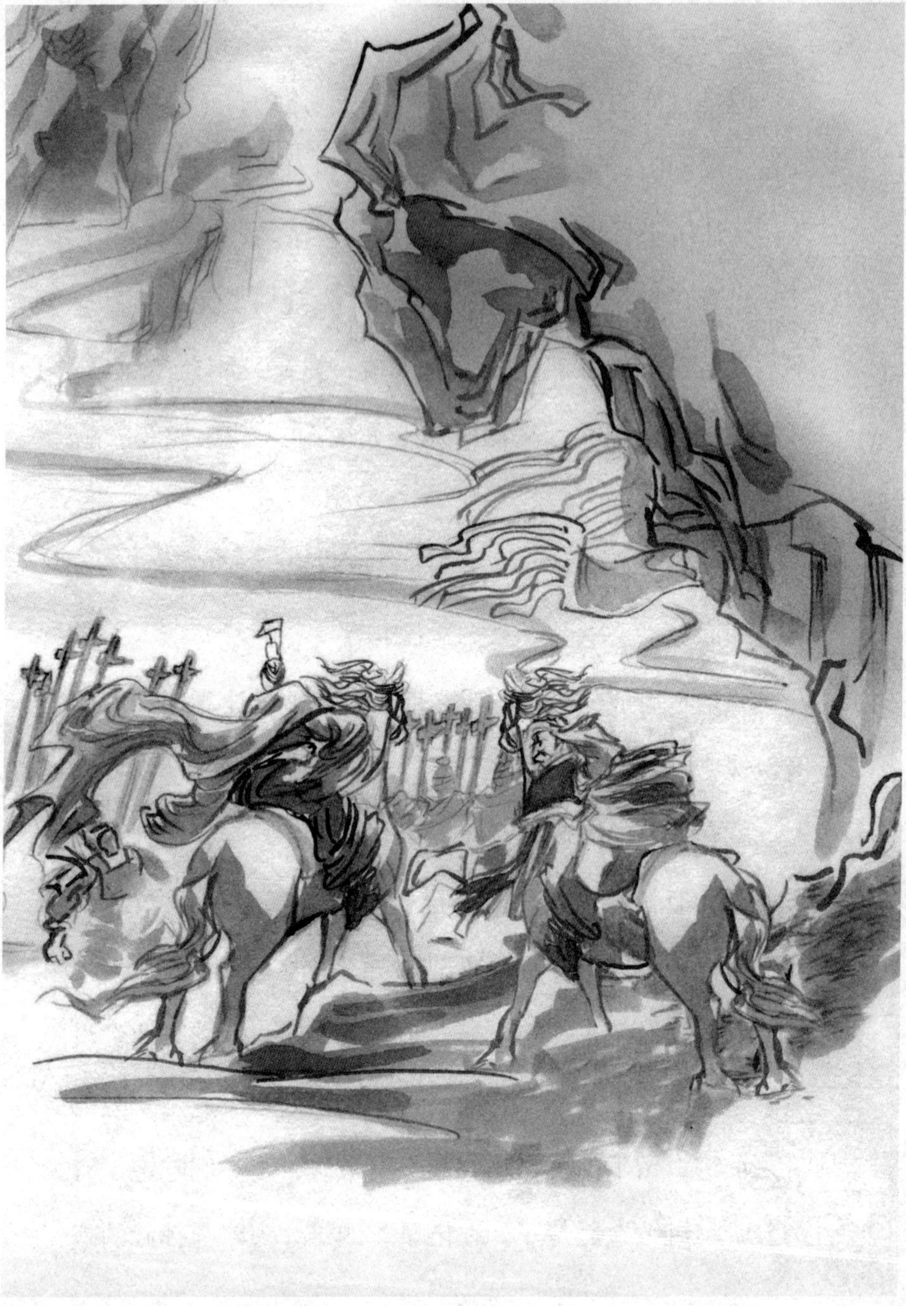

事谋略相配合之下，吴军不断地继续前进，吴军离楚国首都郢都越来越近，伍子胥的复仇之路也越走越近了。

多年仇恨终得报

孙武带兵到郢都城下时，观察周围的地形，发现漳江在北，西有赤湖，于是心生一计，他命令军队挖凿深沟，引漳江的水通往赤湖。但又另筑长堤，拦住江水，让江水满溢倾泻，水势浩大，郢都城下顿时如同水乡泽国一般。孙武又派人上山砍竹造筏，吴军乘筏攻城，城中人才知道原来水患是吴军造成的，大家因恐惧而全部逃离了。楚昭王知道守不住郢都，带着家人登船逃难，郢都因此被攻破。

孙武派人掘开水坝后，水流回江中，阖闾进入郢都，大宴诸侯将士，庆贺胜利。伍子胥根本无心庆祝，杀害他父兄的楚平王与费无忌都已经死了，楚昭王又不知去向，心中的恨意无法消除，便建议阖闾拆了楚国的宗庙[1]。

---

[1] 宗庙：祭祀祖先的庙宇，是一个国家的重要象征。

53

孙武劝说:"出兵必须以义为名,楚平王强娶自己的儿媳妇,又杀害忠良,信任谗佞,才让吴国有攻打的机会。建议让太子建的儿子胜为楚君,代替楚昭王,楚国人将世代记得大王的恩泽。大王赦免楚国,得到的是楚国的民心呀!"

可惜的是,阖闾一心只想建立霸业,独霸春秋各国,并没有听取孙武的建议,还是把楚国的宗庙都拆了,楚国没了国君,宗庙被毁,等于是亡国了。但是这一切仍然无法平息伍子胥心中的仇恨,阖闾问:"你已经报仇了,为何看起来仍然悲伤呢?"

"平王死了,昭王逃走了,父兄之仇我尚未报万分之一!"

"那么要怎么做才能为你的父兄报仇呢?"

"臣下请求大王允许我掘开平王的坟墓,开棺斩了平王的首级,才能消我心头之恨!"

伍子胥对于阖闾称霸诸侯有很大的贡献,阖闾当然答应了伍子胥的要求。伍子胥打听到楚平王的墓就在寥台湖,但是当他带兵前去时,只见湖水茫茫,不见楚平王的墓。伍子胥难过得捶胸顿足，仰天大哭着说："老天爷呀，老天爷呀，难道你不让我报父亲和哥哥的大仇吗？"

突然有个老先生来到湖边，行礼之后问："请问将军为何想找到楚平王的墓呢？"

伍子胥把楚平王迫害他家人的故事一五一十地说出，虽然已经过了十九年，但是伍子胥还是激动不已。

老先生说："平王知道怨恨他的人很多，怕人挖他的墓，于是要人把他葬在湖水中。将军若是要得到棺木，必须先干涸湖水。"

伍子胥派一个谙于水性的士兵潜入湖中，果然发现一个石棺，于是用沙包堵住棺木周围，阻绝流水，然后开凿石棺，发现一个很重的棺木，打开来却只有衣服和精铁数百斤。

"这是用来掩人耳目的棺木，真正的棺木应该在底下。"老人说。

伍子胥命令士兵继续开挖，果然又有一具棺木，打开后才确定找到了楚平王的尸体。楚平王的尸体用特别的药物涂抹过，因此皮肤仍然完好。伍子胥一看到楚平王的尸体，怒气冲天，手持铜鞭狠狠抽打尸体三百下，说："你生前有眼无珠，忠奸不辨，杀我父兄，真是天大的错误！"

伍子胥平息了怨气后，才想到问老先生："老先生为何知道平王的棺木所在呢？"

老先生回答："我是当年建造石棺的石工，平王命令五十多个石工建造假棺木，完成之后，担心我们泄漏秘密，于是杀了所有的石工，只有我侥幸逃脱，因为听说将军孝心诚挚，特别来告诉您，也让那五十多名石工的冤魂得以泄恨。"

伍子胥谢过老先生之后，回去向吴王阖闾表明自己愿意继续追捕楚昭王。虽然已经鞭打楚平王的尸体，但是伍子胥心中的仇恨仍未消失，驱策着他继续追捕流亡的楚昭王。

有恩必报

伍子胥四处打听楚昭王的下落，后来他听说囊瓦躲在郑国，猜想楚昭王应该也在郑国，他又想起当年太子建被郑国所杀,此仇未报,因此率兵包围郑国。郑国是个蕞尔小国,国力衰弱,郑定公一听到伍子胥带兵包围的消息,吓得脸色发白,并且把一切祸因都归于囊瓦,囊瓦自知无路可逃,就自杀了。郑定公赶忙派人把囊瓦的尸体送给吴军,并且说明楚昭王不在郑国。

不过,伍子胥却不愿意退兵,因为他想报当年太子建被杀之仇。郑定公急得昭告众人,若有人能退吴军,愿意把国家分给此人一半。

有个渔夫的儿子向郑定公表明自己可以退吴军。

"需要车马几辆?"郑定公急忙地问。

"不需要一兵一卒,只要给我一支划船用的桨就行了。"

郑定公听得半信半疑,不过也没有其他对策了,只能让眼前这个神秘人前去。

拿着船桨的人到了吴军前,开口唱:"芦中人!芦中人!腰间佩戴七星宝剑的芦中人,难道不记得渡江时的菜饭鱼羹吗?"

伍子胥听了大为震惊:"阁下为何人?"

那人举了举手中的船桨说:"我是渔丈人的儿子,因为避战乱住在郑国。"

伍子胥回想起当年仓皇逃难接受过渔丈人的恩惠,心中感念不已:"你的父亲对我有恩,我正想要报答他,但是不知道该如何做才好,今天能遇到你真是太好了!你唱歌来见我,是为了什么呢?"

"因为郑国惧怕将军的兵威,郑伯下令:'能退吴军者,将与之分国而治。'我想先父与将军有一段渊源,想恳求将军赦免郑国。"

伍子胥听了仰天大叹:"唉!我伍子胥能有今日,全拜渔丈人所赐,苍天在上,我怎么敢忘了这分恩情呢?"于是下了解除包围郑国的军令。伍子胥虽然为了报大仇灭楚鞭尸,但是因为昔日恩人儿子的一句话,他也能放下过去与郑国之间的仇恨,伍子胥恩怨分明的性格由此可见。

伍子胥与申包胥

伍子胥带兵回到楚国后,还是继续寻访楚昭王的下落。

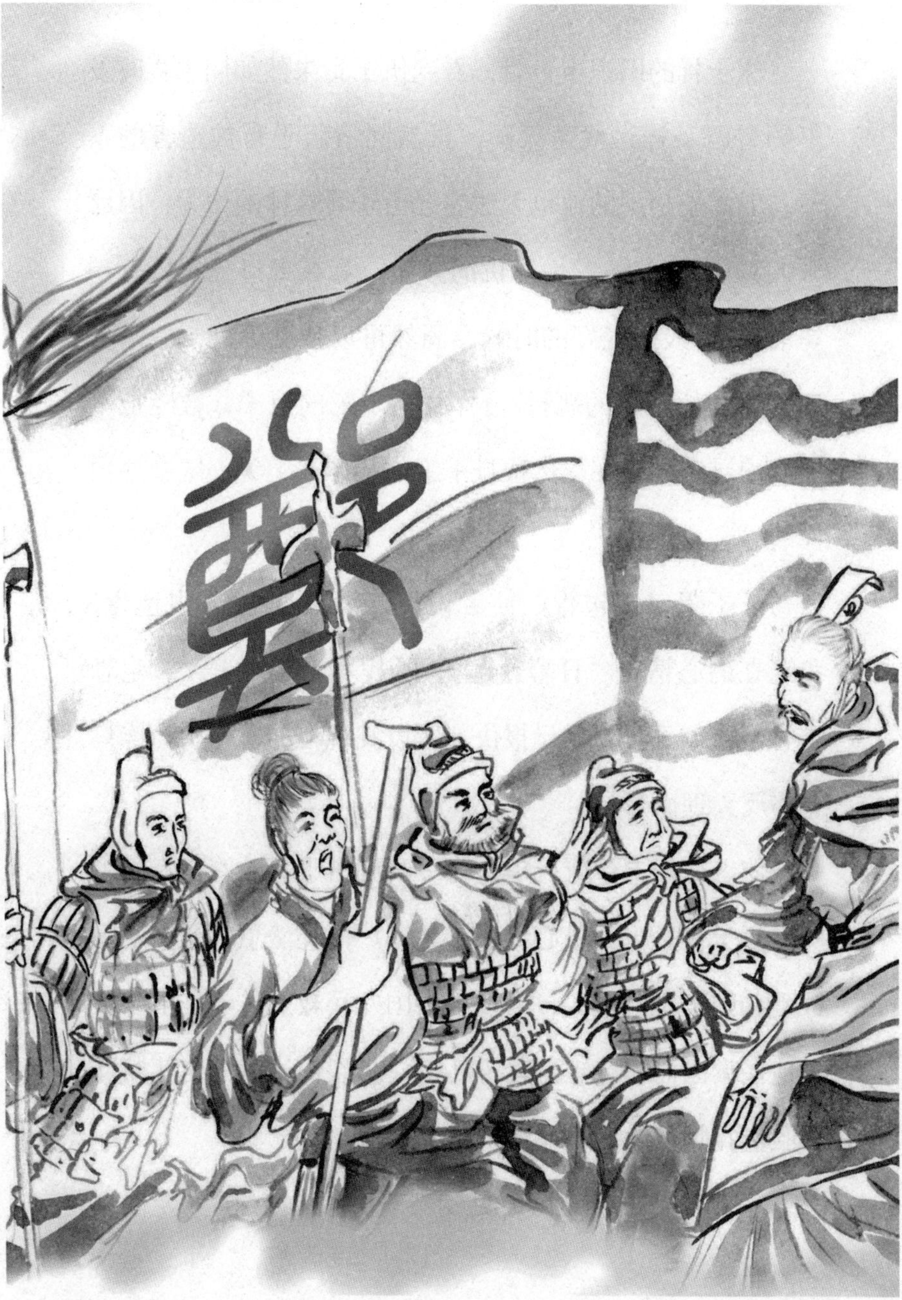
鄧

伍子胥的旧识申包胥，看到伍子胥果然如同逃亡时发下的誓言一样，伐楚灭国，虽然同情伍子胥被迫害的不幸，但深爱楚国的他也无法容忍伍子胥这样的作为，因此派人对伍子胥说："你复仇的方法，实在太过分了！有一句话说：'人运气好的时候，固然可以战胜天理，但是天理必定能战胜人的恶行。'你身为平王的臣子，曾经把平王尊为君王，现在竟然鞭打平王的尸体，上天一定会惩罚你的！"

伍子胥对申包胥的使者说："请你替我转告申包胥，我现在的心情是'日暮途远'，既找不到楚昭王，又生恐在有生之年无法为父兄报仇，所以我现在的所作所为，只能违反天理而行！"

使者回报申包胥，申包胥一听到伍子胥的答复，心中明白伍子胥是下定决心要灭了楚国。他突然想起楚平王所钟爱的妃子是秦国人，可以求秦国发兵救楚。于是不分日夜地往秦国而行，走到鞋子坏了，脚裂伤流血，他就撕开衣服包扎脚伤。

好不容易到了秦国，见到秦哀公说："吴国贪婪地想称霸中原,现在打算灭了楚国,请您顾念两国有姻亲之谊,出兵援楚。"

秦哀公冷冷地回答说:"我秦国地处偏僻的西边,兵微将寡,都已经自身难保了,如何能帮助别人?"

申包胥急切地说:"楚秦连界,秦国若不发兵救楚,一旦楚国灭亡,秦国也难逃被攻打的命运。"

秦哀公听了仍然兴趣不大:"这件事我得和我的臣子们商量,你不妨到房里休息一下。"

申包胥说:"我的君王还流亡在外,我怎能安心休息呢?"

当时秦哀公并不是个勤理国政的君王,大部分的时间都在饮酒作乐,申包胥越是急于请命,秦哀公越不肯发兵。于是申包胥连身上的衣服都不肯换,就在秦国的宫廷中大声哀哭,连续哭了七天七夜,连水都不愿意喝一口。

秦哀公听说了这件事,惊讶地说:"楚国的臣子关切国君,都像申包胥一样吗?楚国有这样贤明的臣子,吴国都要灭楚;寡人没有这样的贤臣,吴国岂不是更有理由灭秦?"于是唱着《诗经·无衣》送给申包胥:"岂曰无衣?

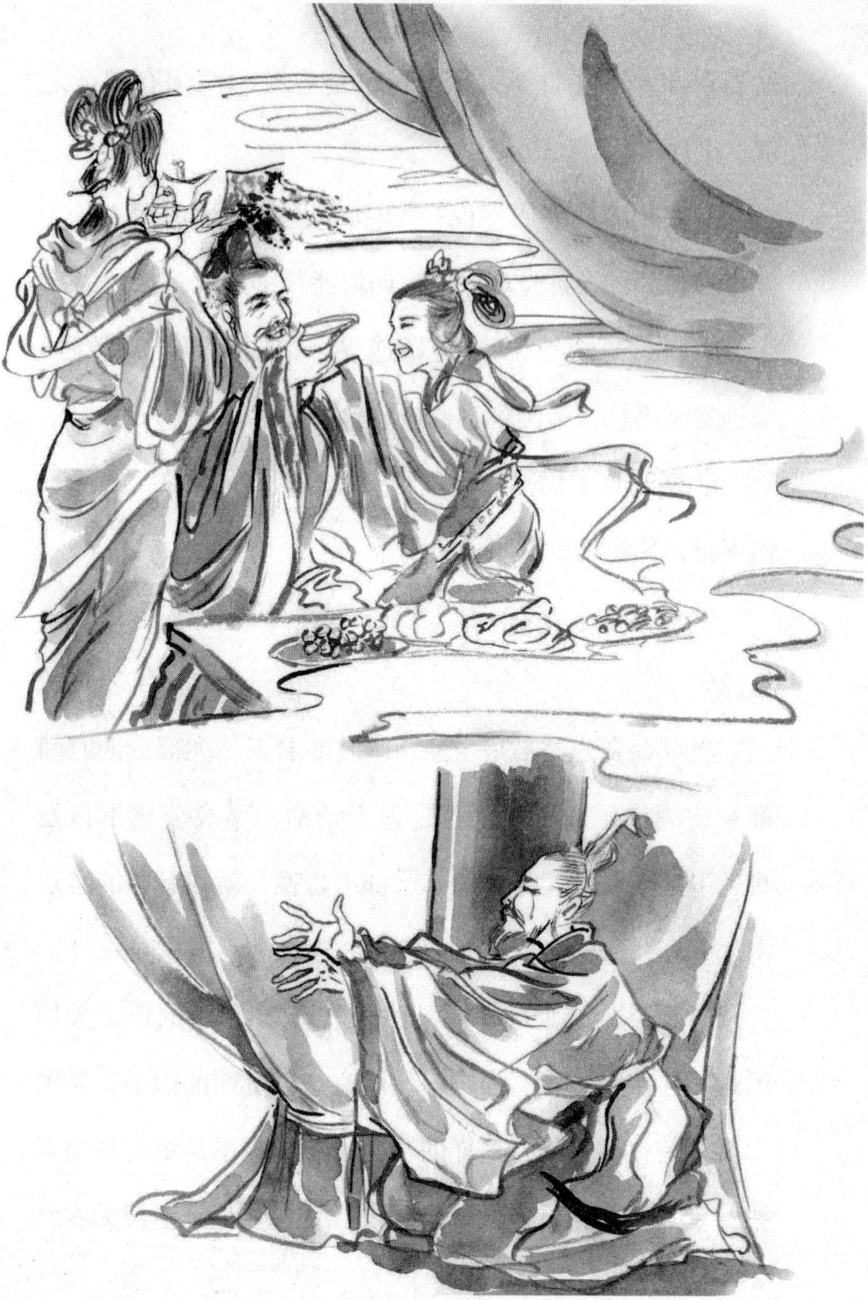

与子同袍。王于兴师，修我戈矛，与子同仇。"大意是说：怎么说没有衣裳，我与你共穿一件。我将兴兵，与你共同面对仇敌。

申包胥的一片爱国之心彻底感动了秦哀公，于是答应出兵救楚。申包胥听到秦哀公答应出兵的消息，才开始喝水进食。

吴国击败楚国称霸

由于秦国答应出兵，申包胥赶忙告知楚昭王回国有望，又率兵攻吴军。阖闾的弟弟夫概不知道楚国得到秦国的援助，根本不把申包胥带的楚军看在眼里，没想到被前来支援的秦军打得落花流水。夫概急忙回郢都向阖闾禀报秦军加入的消息，一直说秦军十分强悍，让阖闾忧心不已。

孙武进言说："兵是凶器，可暂用而不可久用。楚国土地广大，人心未必服从吴国，不如请大王立公子胜为楚王，并且派遣使节与秦国修好，让楚国国君回复，再要求楚国割让西边的土地给吴国，也是对吴国十分有利的事。

若是久居楚宫，只怕引起反效果，我就无法担保一切了。"

伍子胥听了也觉得十分有道理，同意孙武的意见，阖闾也快被说动了。但是伯嚭却说："臣一路破竹而下，无往不利，现在遇到秦兵就退，会让别人看笑话！请给臣兵马一万，臣一定能打胜仗，若失败了，甘愿军法处置。"

阖闾一听十分赞许，立刻答应了，但是孙武与伍子胥都力劝伯嚭不该出兵，伯嚭根本听不进去。结果，如同孙武所预料的，伯嚭被秦军打败，幸好伍子胥带兵救出伯嚭。伯嚭带出兵马一万，回来的却不到两千人，伯嚭羞愧地向阖闾请罪。

孙武私下对伍子胥说："伯嚭这个人居功自傲，又任性妄为，日后必定为吴国带来祸患，不如趁机以军令斩他。"

伍子胥却顾念伯嚭与他同为楚国流亡之臣，虽然不赞同伯嚭的行为，却不忍心杀害他。于是让孙武念在伯嚭之前立的功劳，饶他一命。加上阖闾为了追捕楚昭王，在楚国停留了很长一段时间，阖闾的弟弟夫概居然趁机回国，自立为王。阖闾必须立即带着军队回国处理内乱，也无心追究伯嚭的过失。

孙武与伍子胥随后班师回朝。伍子胥把从楚宫得到的宝物用车载着，沿路回吴国时经过历阳山，想起曾经帮助过他的东皋公，便去寻访东皋公的旧居，没想到却连房子都找不到了；派人去找皇甫讷，也无消息，伍子胥只能叹息离去。

又经过溧阳濑水边，伍子胥望着河水叹息说："我在这里饥饿困乏的时候，曾经有个好心的女子送我饭吃，现在想报答她，却不知道该去哪里找她。"伍子胥想送金子给女子的家人，却不知道那女子的家人在哪里，于是丢一袋金子进入濑水中说："希望那女子知道，我还记得她当年赠饭的恩惠。"

当伍子胥带着军队离开不到一里路时，路边有个老太太哭泣不止，士兵前去问她原因，老太太说："我有个女儿一直到三十岁还未出嫁，多年前在濑水边遇到一个被官兵追杀的人，赠饭给他，我的女儿因为对方担心她泄漏行踪，而投水自杀。后来我听说那人就是楚国流亡的臣子伍子胥，今天我听说伍子胥领兵打了胜仗，却没有想到要回报恩情,所以心里感到悲伤。"

士兵告诉老太太说:"我的主人正是伍子胥,想要报答你家女儿,却不知道该去找谁,你何不去见将军呢?"于是老太太跟着士兵去领了金子,而伍子胥也终于报了当年女子的赠饭之恩。

等伍子胥回到吴国时,阖闾已经平定内乱,阖闾论功行赏,破楚的大功臣以孙武为首。但是孙武却不愿意当官,只想再回山林中隐居。阖闾请伍子胥挽留孙武,孙武私下对伍子胥说:"你知道天地的常道吗?暑过寒来,春还秋至。大王仗恃着强盛的国力,四方没有灾祸,骄傲与逸乐之心必生。功成不身退,将有后患。我不是只想到自己,也奉劝您要注意。"

伍子胥却没有听进孙武的劝告,于是孙武便辞官离去。阖闾送他好几车的金银珠宝,孙武沿路发送给贫穷的百姓,然后不知去向。

阖闾封伍子胥为相国,直称他为子胥,以表亲近。伯嚭则为太宰,与伍子胥共预国政。

伍子胥的报仇之路可说是到达了终点,伍子胥决定在

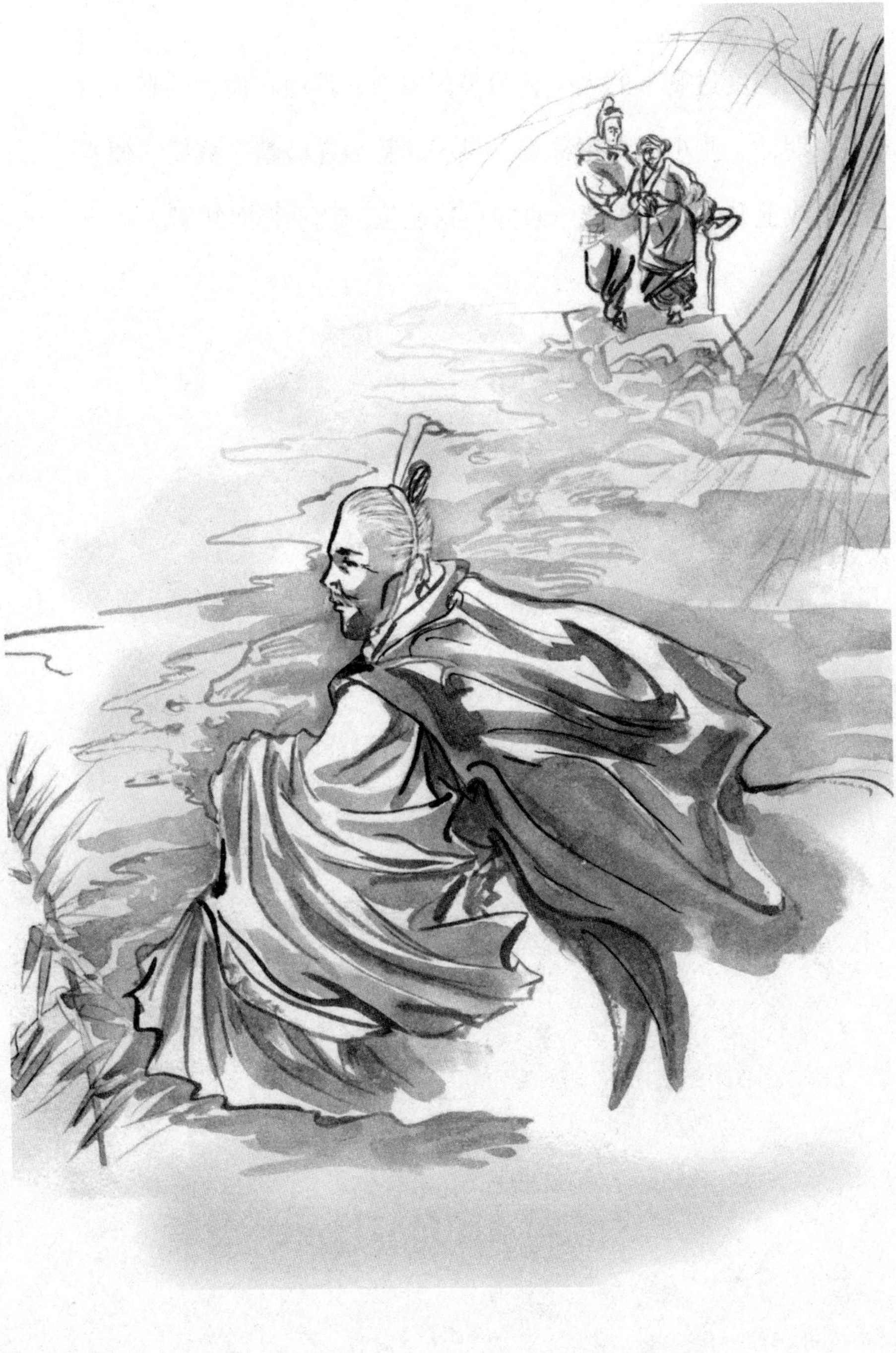

吴国度过剩下的人生,为吴国效力。然而在诡谲的春秋时期,一些小国都想称霸。吴国的势力在破楚之战后,便直线上升,但是否能一直守住这地位,就不得而知了。

3. 晚年时期

付出忠心辅助君王

阖闾年纪渐渐大了，开始想应该由谁来继承王位，他打算找伍子胥商量。夫差已经二十六岁，生得一表人才，气宇英伟，一听到父亲正在思考太子人选，就去拜访伍子胥。

"我乃是长子，如果要立太子，除了我之外没有人更有资格了！请相国在父亲面前美言。"

伍子胥答应了夫差，当阖闾找他商讨太子人选时，便说："立长子为太子，不容易产生纷争，夫差是个不错的人选。"

阖闾说："但是，我观察夫差，觉得他的资质愚昧不仁，恐怕难以继承吴国的王位。"

"夫差性格良善，敦于礼仪，怎么会有问题呢？"

听到伍子胥的进言，阖闾想了一会儿，终于点头答应："我就听你的意见，请你好好地辅佐夫差治理吴国。"

于是阖闾封夫差为王位的继承人，夫差得知消息当然是喜不自胜，连忙到伍子胥家中叩头道谢。

阖闾年老之后，性格越来越急躁，有一天听到越国大王去世的消息，就急着想趁此机会攻伐越国。伍子胥劝谏说："越国虽然有偷袭吴国的罪过，但是越国刚刚举行大丧，出兵讨伐是会沾染晦气的，还是应该观望一阵子。"

这一次，阖闾并没有听进伍子胥的建言，执意留太子夫差与伍子胥在国内，自己带着伯嚭、王孙雄与专毅，选精兵三万，浩浩荡荡往越国进发。

越国新王勾践亲自领兵对抗吴军，两方军队对峙，情势不相上下。勾践望见吴军队伍整齐，坚甲利兵，于是对他的将领诸稽郢说："对方军队气势正强，不可忽视，必须使用计谋扰乱才行。"

诸稽郢找来三百名死刑罪犯，对他们说："你们本是因为自己犯的罪而必须受死，但眼前国家有难，你们若能为国家死，也算是造福自己的家人。"

于是，诸稽郢让死刑罪犯分成三行，全都光着身子，把剑顶在脖子上，步行到吴军阵营。第一个人上前说："我国君主越王不自量力，得罪了贵国，臣等愿意以死代替越王的罪。"说完，便全部刎颈自杀。

吴兵从来没有遇过如此场面，全部都惊讶极了，还窃窃私语地讨论。突然间，越军开始击鼓，鼓声气势强大，只见越军两批敢死队冲锋而来，吴军一时心慌，阵行大乱。在混乱之中，阖闾的右脚被砍伤，一只鞋子还掉下马车，十分狼狈。幸好专毅率兵营救，但是吴军已经死伤过半，王孙雄见情况不对，急忙班师回朝，这一仗不但让吴国损兵折将，更严重的是，阖闾因为年纪大了，无法承受刀伤，还未回到吴国就断气了。

于是，夫差继位，成为新王。而伍子胥也恪守他对阖闾的承诺，付出他的忠心与才能，继续辅佐新的君王夫差。不过，伍子胥虽然是力保夫差成为继任君主的功臣，但是伍子胥严肃冷峻，年轻的夫差对伍子胥是又敬又惧，反而与能言善道的伯嚭比较亲近。这样的变化，对伍子胥以后的命运有着极大的影响。

伍子胥的先见之明

旧恨加上新仇,夫差即位之后,办完父亲的丧事,就天天指挥练兵,发誓守丧三年之后,要灭越国,一举报大仇。他每天派侍者十人,轮流站在每天必经的庭院里,只要他一进出,就会有人大声地说:"夫差,你忘了越国的杀父之仇了吗?"而他总是伤痛地回答:"没有!我没有忘记!"夫差想以此来提醒自己,无时无刻都不能忘记越国杀父的深仇大恨。

三年过后,夫差任命伍子胥为大将军,伯嚭为副将军,兴兵伐越。勾践找来群臣商讨大计,大夫文种与范蠡都同时劝谏勾践应该采取保守之法,吴国经过三年发愤演练,军队势必气势难挡,不如先投降乞和,再想办法。

但是勾践执意不听,并且说:"吴国乃是越国的世仇,若不出去迎战,会被吴国耻笑无能。"于是招募国内壮丁三万人,迎战吴国。

一开始越国的气势也不弱,但是夫差亲自领兵,并且击鼓激励将士，又加上伍子胥与伯嚭带领弓箭队，强而有力的箭如同蝗虫一般密集飞来，越兵无法抵抗，一路大败而逃，损兵折将，最后只剩下残兵五千人。

这时，勾践才后悔没听文种与范蠡的建言。文种立刻献计说："根据情报，吴国有个太宰名为伯嚭，好色贪财，又容易嫉妒别人的功劳与才能，和伍子胥不和。吴王惧怕伍子胥，却与伯嚭很亲近，若能买通伯嚭，吴王必定会听其意见，就算伍子胥反对也无益。"

勾践急忙问："那该以什么来贿赂伯嚭呢？"

文种说："军队中最缺的就是美色，若是献上美女应该能打动伯嚭。"

于是勾践连夜派人找来美女八人，再加上珍宝和黄金，立刻文种到太宰伯嚭的营帐求见。一开始，伯嚭拒绝接见，但后来听说来者带来礼物，于是答应见面。

文种一见到伯嚭，便立刻跪下来低声下气地说："敝国君主勾践年轻气盛，不能好好管理国家，现在敝国国君已经后悔了，愿意降服吴国，但是又担心吴王夫差不答应。我们知道太宰您功绩伟大，在外是吴国的防护城，在

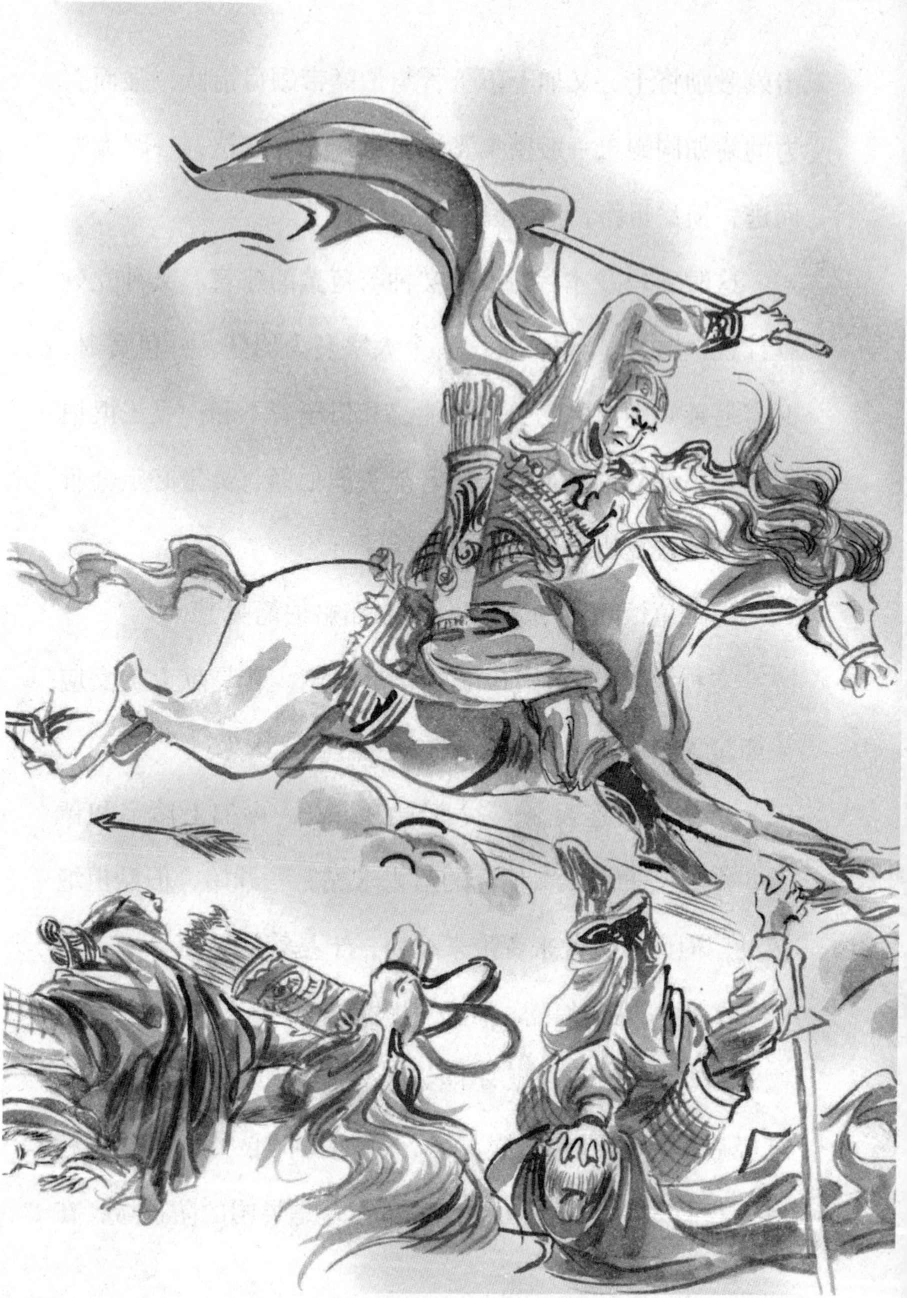

内则是吴王的心腹，敝国国君派遣在下前来，送上薄礼，请太宰帮忙说话，日后礼物就会源源而来。"于是把贿赂礼品的清单呈给伯嚭。

伯嚭脸上故作难色地说："越国迟早都会被打败，所有的珍宝都归吴国所有，我又何必收这区区小礼？"

文种立刻说："话虽如此，但目前越国尚有精兵五千，还能抵挡一阵子，若兵败，会将王宫中的珍藏烧毁，逃往国外，或是投靠楚国，就算吴军全部占有珍宝，大半都将归国库，太宰与将士们也只能分到一小部分而已。但若是越王能顺利投降，表面上是向吴王夫差投降，实际上是向太宰您顺服呀，日后的贡品在进入王宫之前，会先进入太宰府，太宰您将独占全越国的好处！"

文种的一番话让伯嚭心动，眼睛都发亮了。文种又指着清单上的美女说："这八名美女都是从越国宫殿选出来的，如果民间有更美的女子，敝国国君若能活着回国，必定常常为太宰搜寻。"

伯嚭听得心花怒放，立刻站起来说："好吧，那我就带你入宫与我君王商谈。"于是，伯嚭高兴地收下礼物，请文种喝酒畅谈。

隔天,伯嚭果然带着文种求见夫差,夫差听了勃然大怒:"我与越国有不共戴天之仇,哪能让他们这么好过?"

伯嚭说:"大王啊,孙武曾经对先王说过:'兵是凶器,可暂用而不可久用。'越国的国君愿意当吴国的臣子,把越国所有的珍奇异宝全部贡献给大王,所求的也只是让他们的君王活命而已。如果接受他们的投降,赦免他们的罪过,不但收获丰厚,也可以彰显大王的名声,是名实俱收呀!如果大王不放过他们,执意诛杀到底,那么他们打算烧毁宗庙,杀死妻子,把金银财宝丢入江中,然后以五千名死士与吴国对峙,有的只是损伤而没有好处。和杀人比起来,还不如接受他们诚心的投降,对国家比较有利!"

夫差被伯嚭说动了,于是点头答应。但过不多久,伍子胥怒气冲冲地面见夫差,一看到文种站在伯嚭身边,又听到夫差答应越国投降的决定,连忙大叫:"不可!不可!"吓得文种后退好几步,只能安静地听伍子胥说

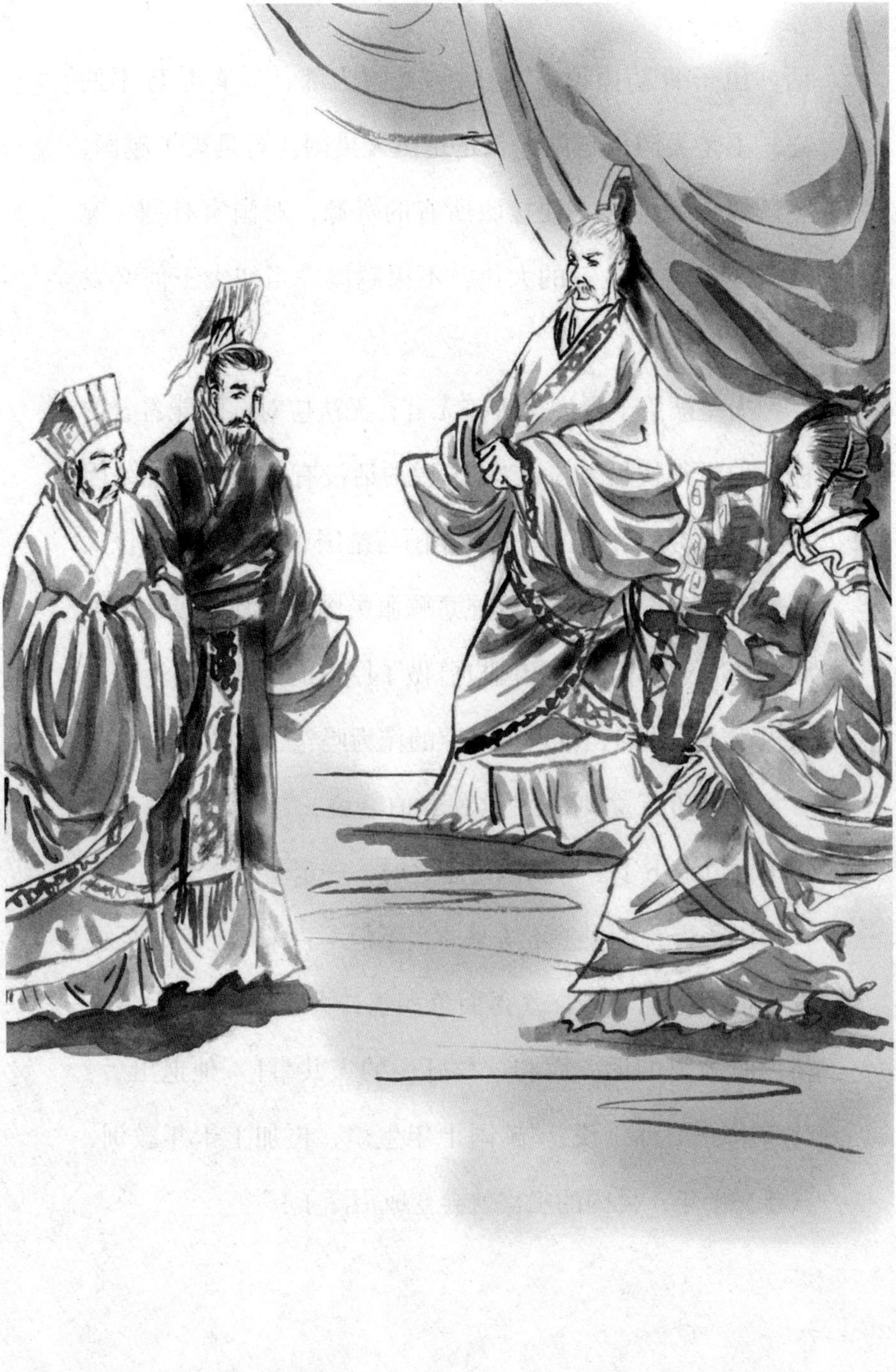

话。伍子胥劝谏说:"越国与吴国为邻,一直是势不两立,不是吴国灭越国,就是越国灭吴国。若是灭了越国,吴国可以就地利之便接收所有的资源,对国家有利。况且与越国又有先王的大仇,不灭越国,当初大王何必发誓呢?"

夫差被伍子胥说得哑口无言,无法应对,只能看着伯嚭。伯嚭很快接着说:"相国说的话没有道理呀!如果因为先王的仇要灭越国,那么相国与楚国有大仇,也应该灭了楚国。今天越王夫妇都愿意顺服吴国,与楚国接纳公子胜的情况大不相同,相国自己做了厚道的事,却要让大王承担刻薄的罪名,难道是忠臣的作为吗?"

夫差听了立刻高兴地对着伯嚭说:"太宰言之有理,相国可以退下了。等越国贡献之时,一定会分赠与你。"

伍子胥看见夫差不辨是非,不但不肯采纳忠言,反而纵容伯嚭强词夺理,气得面色如土,大叹说:"真后悔当初没听被离的话,而和这样奸佞的人共事!"他退出后,对着大夫王孙雄说:"越国十年生聚,再加上十年教训,只要二十年,吴国的王宫就会变成沼泽了!"

但是王孙雄没听懂伍子胥的话，伍子胥也只能忿忿地离去。

忠言逆耳

文种顺利完成任务，回报勾践说："吴王已经班师回朝了，派大夫王孙雄随臣下到此，催促启程。"

勾践听了泪流满面，文种接着说："时间迫切，大王应该尽快回国料理国事，不必悲伤。"

一回到越国，勾践把国内的宝物装在车辆上，并且从国内选出美女三百三十名，打算三百名送给吴王，三十名送给伯嚭。王孙雄不断地催促勾践启程去吴国，临行前勾践流着眼泪对群臣说："我承担先人的事业，兢兢业业，不敢荒怠，但如今国破家亡，成为囚犯，此去千里迢迢，恐怕难再回来！"

文种安慰勾践说："昔日商汤①被囚禁在夏台，周文

---

① 商汤：夏朝末年人，因夏朝末代君王桀昏庸无道，灭夏建立商朝。

王①被困在羑里，都成为英明伟大的君王。艰困的环境，往往能成就伟大的君王，大王只要耐心等待，自然有机会，不必太过悲伤。"

勾践于是下定决心，带着夫人前往吴国。范蠡擅长临机应变之道，随着勾践夫妇一起到吴国去，而文种则留在越国处理国事，为日后复兴国力做准备。

勾践一到吴国，便派遣范蠡带着金帛与美女去见太宰伯嚭，伯嚭承诺要帮助勾践返回越国，让勾践稍微感到安心。伯嚭把勾践押送到夫差面前之后，由范蠡把所要贡献的宝物与美女清单呈送给夫差，勾践则跪拜叩头说："臣下勾践不自量力，得罪贵国。承蒙大王赦免性命，让我能拿着扫帚服侍吴国，十分感谢！"

夫差说："我若是顾及先王之仇，你今天就没有活命的机会！"

勾践再度叩头说："臣下该死，只是请大王可怜臣下！"

---

① 周文王：姓姬名昌，在商纣王时为西伯。商纣王肆虐无道，被姬昌之子姬发所亡，其后姬发则建立周朝，追尊姬昌为周文王。

伍子胥在一旁，目光如同火焰，声音响如雷霆地说："勾践为人机险，今天是因为如同汤锅里的鱼，性命操在厨师的手中，因此诣媚好言，以求免于送命。一旦让他得志，就如同放虎归山，纵鲸于海，无法再制服！"

夫差根本听不进伍子胥所说的话，便说："我听说杀投降者，祸及三世，我并非独厚越国，只是不想遭天谴罢了。"

伯嚭也在一旁帮腔说："伍相国只擅长一时之计谋，而不懂安国之道，大王真是英明仁爱呀！"夫差与伯嚭这一唱一和，气得伍子胥只能退席。

夫差接受了越国贡献的宝物，便命令王孙雄在阖闾的坟墓旁建筑一间石室，让勾践夫妇住在里面。他们每天必须辛苦地养马，而原本是一国之君的勾践，也在这小小的石屋里变成了蓬头垢面的下人。夫差每次驾车出游，勾践就拿着马鞭走在车前，吴国的百姓总会指指点点地说："这就是越国的大王呀！"勾践也只能强忍辛酸，低头不语。

虽然勾践在吴国如此狼狈，但范蠡总是忠心耿耿地服

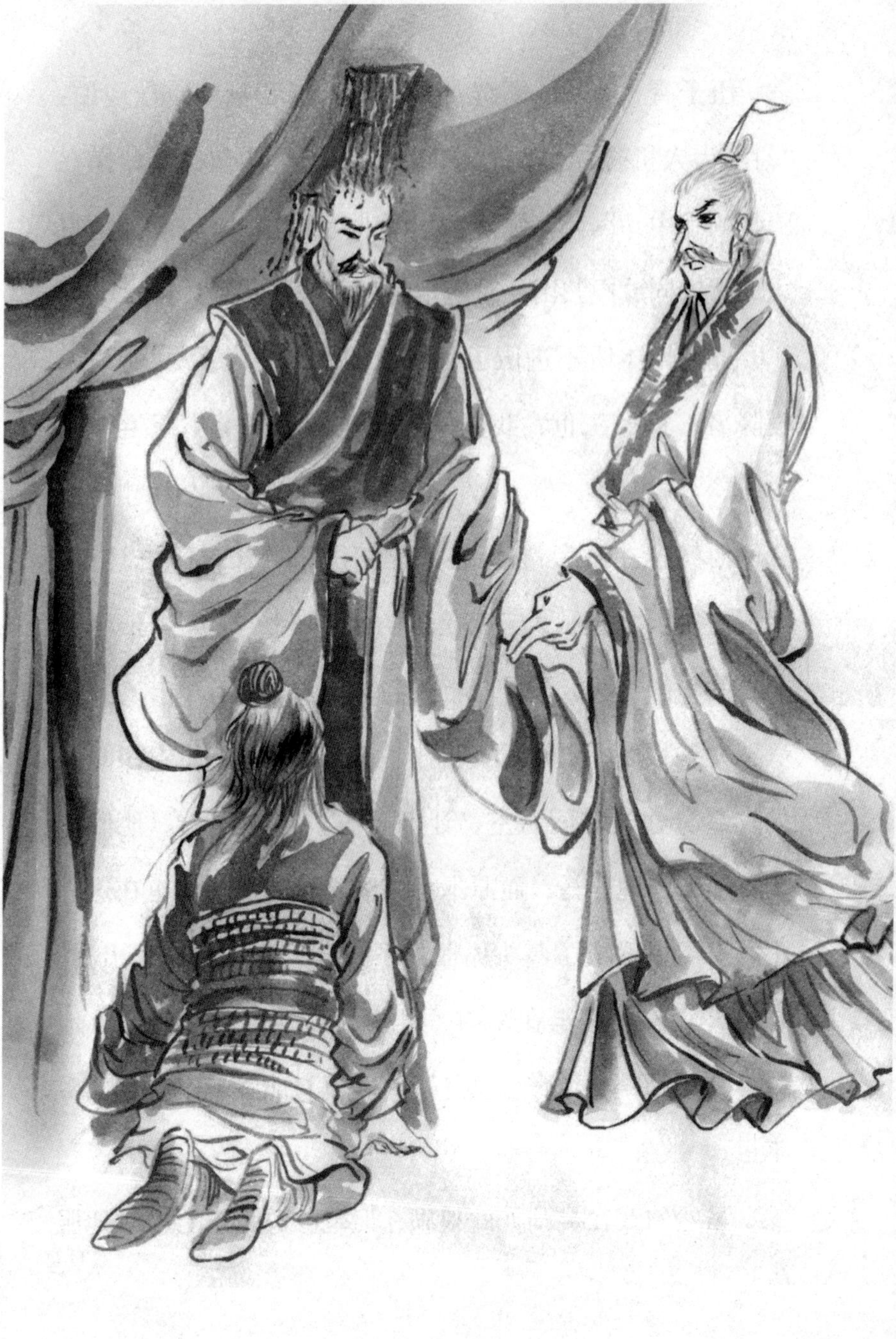

侍勾践夫妇。夫差对范蠡说："勾践无道，让越国灭亡了，你和这样的君王在一起，难道不觉得羞耻吗？只要你诚心悔改，投奔我吴国，我可以赦免你的罪过，重用你的才能，让你从贫穷到富贵，你觉得如何？"

范蠡回答说："臣下就是在越国没有善尽职责，好好辅佐越王，才会得罪大王，幸好大王怜悯我们，让我们得以活命，这样我就很满足了，哪敢再奢望富贵呢？"

"你既然不改变想法，那就继续住在石室里吧！"夫差表面上这样说，心里却赞赏范蠡的忠心。

就这样过了三年，勾践夫妇每天都是全身脏臭地在马厩里养马、汲水、扫除粪便，范蠡也在一旁帮忙。夫差常派人偷偷观察越王主仆，发现他们工作很努力，虽然全身污垢，面容憔悴，但是丝毫没有抱怨，也没有思乡之情。

有一天，夫差登上姑苏台，远远望见勾践夫妇端坐在马粪旁边，范蠡就执着马鞭站在左侧。夫差对着伯嚭说："勾践不过是小小越国的国君，范蠡也不过是区区的一个大夫，但在穷困的环境中，还没有丧失君臣的礼仪，真是叫我佩服啊！"

"不只是值得佩服，同时也很可怜呢！"伯嚭接着说。

"太宰说的是，我不忍心再看下去了。如果他们是诚心悔过，我能赦免他们吗？"

"大王以伟大的君王之心，哀怜穷苦的人，施恩惠给越国，越国怎么会不知道感恩图报呢？请大王下决定吧。"

"那就选个好日子，赦免越王勾践回国吧。"夫差被伯嚭的迷汤一灌，马上欣然同意。

伍子胥听到夫差即将赦免勾践的消息，又急忙面见夫差说："万万不可！古人说：'立德多多益善，除害需求断根。'从前过国的浇，杀掉斟灌的君王，又去灭掉夏后相。后相的妻子怀孕了，挖了墙，从洞穴中逃出，回到娘家，生了一个孩子，名叫少康。后来少康凭着十方里的田，五百名士兵，广施恩德，励精图治，最后灭了浇，恢复了夏朝的功绩。如今吴国比不上当时的过国，而越国却比少康的国家大多了，假如让他壮大起来，岂不是留下祸患了吗？而且越国与我国接壤，又是世代仇敌，现在打了胜仗，不灭亡越国，还打算让勾践回国，这是违背天意而助长仇敌呀！若是如此，吴国衰亡的日子就快来临了，更不用提称霸天下了！"

夫差听了觉得有道理，兴起要杀勾践的念头，于是派人叫勾践来。伯嚭偷偷派人先去对勾践通风报信，勾践心中惊惶不已，范蠡对勾践说："大王别担心，吴王已经囚禁你三年了，都已经忍耐三年了，难道不能再多忍耐一天吗？"

勾践于是进入王宫见夫差，但是吴王一连三天都不上朝，勾践正觉得奇怪时，伯嚭从宫中出来，奉吴王的命令让勾践回去石室。

"大王本来听信了伍子胥的谗言要杀你，所以才召你来。但正巧身体感染风寒，我进宫问候大王，请大王安心养病，先放你回去。"勾践听了，忐忑不安的心情才平复，一直感谢伯嚭的帮助。

一片忠心、说了实话的伍子胥，却让吴王夫差一直觉得如芒刺在背。虽然伍子胥是两代功臣，但是相较于懂得察言观色、迎合君主心意的伯嚭，伍子胥实在很难讨夫差的欢心，也种下日后悲剧的种子。

君臣关系日渐恶化

勾践回到石室,过了三个月后,听说夫差的病还没有好。范蠡建言说:"吴王的病应该就快痊愈了,请大王入宫请求问候,如果能进宫,就要求尝吴王的粪便,看粪便的颜色,再拜恭贺,说吴王的病就快好了,等吴王的病好了之后,一定会因为感动而赦免大王。"

勾践含着眼泪说:"我虽然沦落到此,也曾经是个君王呀!今天居然沦落到为人尝粪便的地步!"

"昔日文王被囚在羑里之时,纣王杀了他的儿子伯邑考,还把肉煮成汤送给文王喝,他还是忍痛吃自己儿子的肉呀!若要成大事,就不要在意这些事!吴王虽然有妇人之仁,却没有大丈夫的果决,都已经同意赦免大王了,又突然变化,不这样做是无法取得吴王的怜悯的!"

勾践立刻下定决心去问候吴王夫差的病况,经过伯嚭的安排,果然见到夫差。勾践立刻叩头说:"罪臣听说大王龙体失调……"话还没说完,夫差突然觉得肚子胀胀的,想要排便。

勾践立刻接着说:"罪臣曾经学过医术,可以借着观察粪便来了解一个人的健康。"于是等夫差排便完毕之后,勾践打开装粪便的木桶,用手沾粪便放在舌头上,跪下来尝一尝,左右侍从都捏着鼻子,不敢吸一口气。勾践尝完粪便之后,面见夫差说:"恭喜大王,大王的病就要痊愈了!"

"怎么知道的呢?"夫差好奇地问。

"大王的粪便味道苦而且酸,正是好转的征兆。"勾践谦恭地回话。

夫差感动地说:"勾践真是有仁心的臣子,有哪个臣子能做到亲尝粪便呢?"正好伯嚭也在一旁,夫差问他:"你做得到吗?"

伯嚭摇摇头说:"我虽然敬爱大王,但是这件事做不到。"

"不用说太宰,就是太子也做不到这件事吧!"夫差立刻下令勾践可以不用待在石室,并且允诺等自己身体康复之后,就让勾践回国。

勾践再三叩谢,回去之后虽然移居到民舍中,仍然照

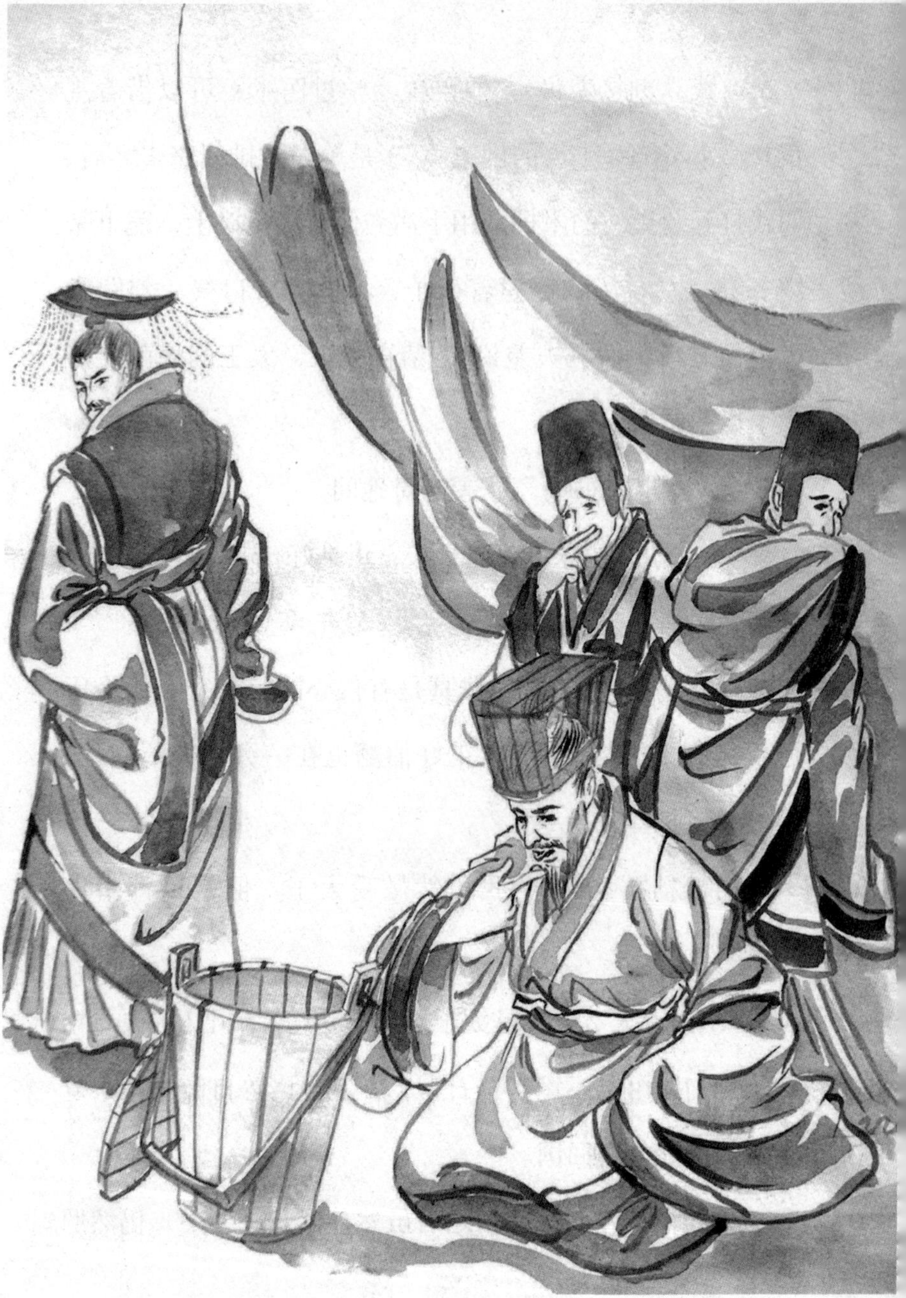

常养马打扫。

夫差的病果然如同勾践所说的一样,不久就痊愈了。夫差病好了之后,立即摆设宴席,邀请勾践出席。勾践故意装作不知道,还穿着囚犯的衣服到场,夫差立刻让人带他换上干净的衣服,请他就座款待。

伍子胥在一旁,看见夫差忘了越国杀害先王阖闾的仇恨,气得不肯坐下,当场拂袖而去。

伯嚭又故意在夫差面前说:"大王以仁德之心赦免有仁德的人,臣下曾经听过'同声相和,同气相求'。今天的座位,只有仁者才能留下来,不仁的人则应该离去。伍相国只有匹夫之勇,而不愿就座,真是应该感到惭愧才是。"

夫差笑着说:"太宰说得有道理呀。"然后把酒与勾践相谈甚欢,承诺三天后让王孙雄送勾践回国。

隔天,伍子胥面见夫差说:"大王昨天以礼对待仇人,难道不知道勾践内怀狼虎之心,外表恭顺良善?大王若是只听片面之词,摒弃忠言而误听谗言,日后必定有祸患呀!"

夫差不以为然地说："我生病躺了三个月，相国没有一句安慰的话，也没有送来礼物，既不忠又不仁。勾践放弃自己的国家来服侍我，还亲自尝我的粪便，如此忠仁之士，我若听相国的话杀了他，必定会遭天谴。"

伍子胥仍然不放弃地说："当老虎放下身段，弯下身来，都是为了夺取猎物；狐狸缩起身体，就是准备埋伏偷袭；越王把怨恨藏在心里，大王如何得知？勾践尝粪便，其实是为了获取大王的信任，大王若没发现，中了他的计谋，吴国终有一天会被越国所败。"

夫差无动于衷地看着伍子胥说："相国不必多说，我已经下定决心了！"

伍子胥知道大势难以挽回，只能郁郁不乐地离开。三天后，夫差果然遵守承诺让勾践回越国，并且在城门亲自送行，所有的大臣都到场，唯独伍子胥不肯来。

夫差亲自送勾践上车，勾践夫妇不断地道谢，就这样勾践结束了三年的囚犯生涯，而伍子胥在这三年中也因为劝谏勾践的事，讲了很多让夫差听了觉得刺耳的话，因此夫差的心里很不痛快，自然与伍子胥的关系就越来越僵了。

生聚教训

　　勾践回到越国，看到日夜思念的故国，大叹说："我以为这一去将客死异乡，永远见不到这片大好山河了，哪想到今天还能再回来。"说完便和夫人相拥而泣，左右的臣子也都感动地流下眼泪。文种得知勾践回国的消息，率领群臣与百姓欢迎勾践回国，一时欢声雷动。

　　勾践心中对自己在吴国所受到的耻辱一直耿耿于怀，除了大力整顿国家，生活上更是极尽刻苦：睡觉不用棉被铺床，只放上烧火用的柴薪；又在床的上方悬挂一颗胆囊，每天必定要尝尝胆囊的苦味，用来提醒自己曾经受过的苦难。他的夫人也与百姓一同织布，一同劳苦。勾践决定七年不收税，他自己吃饭没有肉，衣服也没有任何的装饰。

　　夫差因为感受到越国的顺服，甚至还加封土地给越国，勾践则是准备许多精美的布匹与珍宝答谢夫差封地的恩惠。伍子胥听到这样的消息，便说自己生病了，无法上朝。

夫差看见越国臣服乖顺，便深深相信伯嚭所说的话，心里也对越国不再存有戒心。有一天夫差闲来无事，问伯嚭说："现在国家安定，我想要建个宫殿娱乐一下，哪个地方比较适合呢？"

伯嚭推荐先王阖闾所建的姑苏台，可鸟瞰远景，若改建成宫殿，可容纳六千人同时歌舞，必定是人间极乐。夫差觉得有道理，便派人悬赏巨木，准备动工建筑宫殿。

文种听到消息，便对越王勾践分析说："我听说高飞之鸟，死于美食；深泉之鱼，死于芳饵。今天大王要报仇，就要先投其所好，然后才能抓住对方的弱点。"

勾践疑惑地问："投其所好，就能抓住他的弱点吗？"

文种说："臣下认为要破吴有七种方法：第一捐货币，用来取悦他们；第二借吴国米粮，让吴国存粮减少；第三送美女，用来迷惑夫差心智；第四送好的木材，好让吴国大兴土木建筑宫殿，消耗国库；第五派出奉承阿谀的臣子，让吴王失去谋略；第六想办法让忠臣自杀，削弱吴王的辅助；第七我们应该积极练兵，以便日后能打击吴国的弱点。"

勾践说:"真是绝妙的计谋,那应该先做哪一项呢?"

文种说:"现在吴王要改建姑苏台,应该先去找山中神木,贡献给吴王。"

勾践派遣三千人进入山中,果然找到了一根巨木,当夫差收到这份礼物时,简直又惊又喜。伍子胥在一旁劝谏说:"昔日纣王建鹿台,让百姓辛苦工作,消耗国力,所以招致灭亡。勾践想要害吴国,才会贡献这样的木头,大王千万不能接受。"

夫差却说:"勾践找到这么好的木材,没有留下来自己享用,却献给我,怎么能辜负他的好意呢?"

于是夫差不听伍子胥的劝谏,收下了这根巨木。建筑姑苏台,耗费了五年的时间,百姓日夜工作,因为疲劳而死的人不计其数。

勾践听到了这样的消息,知道让夫差建筑宫殿,消耗民力的计策已经奏效,于是与文种商量下一步对策。文种说:"姑苏台完成之后,必定会选拔歌舞女子,若不是绝色美女,是难以打动夫差的心的。现在应该找绝色美女贡献给吴王。"

苦口婆心的伍子胥

勾践开始积极在国内寻找美女，半年之内找到美女二十多人，又从其中找到两位特别美丽的女子，一位是西施，一位是郑旦。

西施是苎萝山下捡柴人的女儿，每天在江边浣纱。据说西施的美丽能让水中的鱼儿惊艳，让花儿感到羞愧。郑旦也与西施住在同一个村子里，两位美女每天相约在江边浣纱，如同两朵盛开的芙蓉般娇美艳丽。

勾践把两位美女接到宫里，请乐师教她们跳舞，学习走路的仪态，打算等到学成之后再送入吴国。西施和郑旦学习了三年，学会了歌舞书画与侍奉君王的技能，然后勾践便命人将这两位美女盛装打扮，配上美丽的马车及六位美女随从，送到夫差面前。

范蠡对夫差说："越国贱臣勾践夫妇不能亲自服侍吴王，因此搜寻越国境内的女子，找到西施与郑旦两位美女，来为大王倒酒服侍。"

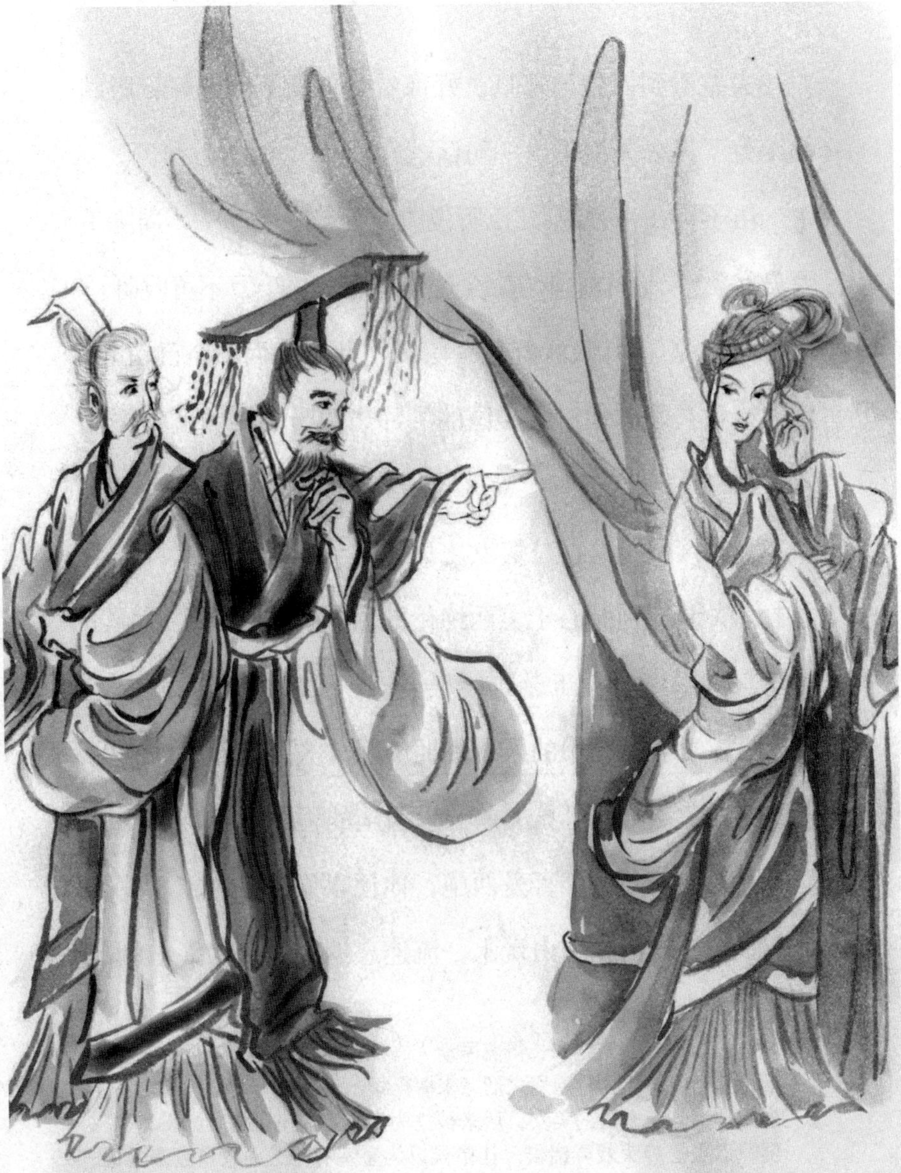

夫差看到西施与郑旦，好像看到仙女下凡一样，眼睛都发直了，久久说不出一句话。

伍子胥在一旁说："臣听说殷商因美女妲己①，周幽王因美女褒姒②而亡国。美女是亡国之物，千万不可收呀！"

夫差说："凡人皆好色，勾践得此美女而不自己留着，贡献给我，表示他对我吴国的一片忠心呀，相国就别再怀疑了！"

夫差接受了这两位美女之后，每天都沉溺在歌舞升平之中，夫差特别倾心于美丽绝伦的西施。夫差为了西施建馆娃宫，用珠宝美玉装饰得美轮美奂，里面有美丽的花园，西施常对着园中的泉水揽照梳妆，夫差甚至还亲自为西施梳头发，由此可见夫差宠爱西施的程度。

也因为夫差过于喜爱西施，他便以姑苏台为家，荒废朝政，终日与西施游山玩水，流连忘返，只有太宰伯嚭与

---

① 妲己：商纣王的宠妃，长得美丽动人，据说生来不爱笑。商纣王为了取悦妲己，对犯人行炮烙之刑，来博得妲己一笑。
② 褒姒：周幽王宠爱的美女，后来被立为皇后。周幽王为了博得褒姒一笑，以点燃烽火戏弄诸侯，让诸侯以为皇室有难，而仓皇赶来救援，诸侯们被骗的模样居然让褒姒笑了。因为周幽王如此昏庸，西周很快地走上灭亡之路。

王孙雄随侍在一旁，伍子胥想求见都被拒绝。

勾践听说夫差如此宠爱西施，与文种继续共谋下一步计划。文种说："臣下听说今年稻谷收成不好，粟米的价格将上涨，大王可向吴国借米粮，来救济饥民。"

于是勾践让文种以重金贿赂伯嚭，得以面见夫差。文种对夫差说："越国今年收成不好，人民饥困，乞求大王借越国谷米万石，以救济目前的饥荒，明年稻谷收成之后，立刻奉还。"

夫差回答说："越国臣服于吴国，越国的百姓受饥荒之苦，如同吴国百姓受苦，怎么会不救他们呢？"

伍子胥听说越国的使节来到，也跟着来到姑苏台，终于得见夫差，一听到夫差允许借粮，立即上谏说："千万不可借粮给越国！我观察越国使节所说的，并非真饥荒，而是为了掏空我吴国的米仓呀！"

"勾践在吴国服侍三年，是所有的诸侯都知道的事情，今天我让他再度复国，如同再生之恩，怎么会想叛变呢？"

伍子胥仍然不放弃劝谏的机会，接着说："我听说勾践积极经营国事，体恤人民，礼贤下士，志在向吴国报仇，大王又借越国米粮，我担心姑苏台将受到战火的波及！"

夫差被说得很不耐烦，但是面对伍子胥还是耐着性子说："越国已经对吴国俯首称臣了，哪有臣子会讨伐君王的道理？"

伍子胥依然直言无讳地回答："汤伐夏桀，武王伐纣王，不就是臣子讨伐君王吗？"

伯嚭在一旁大声叱喝说："相国说话太过分了！这样说来，大王岂不是被你类比为像夏桀与商纣一样的昏君了吗？"

伯嚭再度向夫差建言说："越国已经答应明年谷熟之后，将偿还所有的谷米，请大王放心借给越国。"

最后夫差还是听了伯嚭的建言，借给越国万石谷米。隔年，越国的稻谷丰收，勾践又与文种商量说："若不还吴国稻谷，则失信于吴国，但如果还稻谷，则对吴国有利而无益于越国，该如何处理呢？"

文种说："可以选精良的谷米，蒸熟之后给吴国，吴国看到精良的谷米，必定会想用来播种，那么我的计谋就成功了。"

夫差一看到越国还来的谷米,高兴地说:"越国果然是讲信用的!"又看到谷米肥美,便对伯嚭说:"越国土地肥沃,谷米肥美,可以让吴国的农民也试着种种越国的谷米。"

于是全国都用越国偿还的谷米播种,熟米当然不会发芽,因此过不了多久,吴国因为稻谷歉收,谷仓又缺米粮而发生大饥荒。但是夫差认为是因为土壤气候不同的缘故,致使稻谷长不出来,而不知道谷子都被蒸熟了。

伍子胥虽然心里明白,自己的进言很难被夫差接受,但是他仍然遵守着他对阖闾的承诺,尽心尽力辅佐夫差,苦口婆心地劝说夫差留意有关国家利益的大小事,可惜夫差无法如他的父亲阖闾一样了解伍子胥的才能与苦心,所以他也无法久坐霸主的宝座。

以死劝谏

勾践除了利用珍宝美女讨好吴国,让夫差对越国失去戒心,在内政上,也十分用心。他对国内百姓公布说:

"我听说古代的贤明君王，四方的人民归顺他，就如同水往低处流一样。现在我无法使四方的人民来归顺我，我只有领导各位来增加人口。"

于是，勾践下令鼓励生育，凡生育儿女都有奖励，若是生三个小孩的，政府就帮忙雇个乳母；生两个小孩的，政府赠送粮食；如果只生一个，政府也会送两壶酒和一只猪或是狗。此外，若家中死了儿子的，可免三个月的公役，而且勾践一定去哭泣埋葬，如同自己的儿子一般。

勾践还经常在船上装载稻米脂肉巡行各处，遇到路上正在游玩的小孩，就分送食物给他们，同时问起他们的名字。勾践自己则是吃自己种的粮食，穿夫人亲手织的布衣。再加上国内七年不收税，如此经营下来，家家户户都存有三年的余粮。

勾践如此用心治国爱民，得到了人民的感佩。有的人会前来请求勾践说："从前，吴国夫差在各国诸侯面前，侮辱我们的国君。现在越国一切都走上正轨了，请大王伐吴报仇吧！"

勾践却说："以前的战败，不是各位的罪过，而是我的罪过，请暂且不要提攻打吴国的事吧。"

但是又有人来请求说："越国四方的人民，爱戴我们的君王，就如同自己的父母一样呀！做儿子的想为父母报仇，做臣民的想为国君报仇，哪有不肯尽力的人呢？请为报仇而战吧！"

于是勾践答应了父兄百姓们的请求，开始训练精兵。全国的人民都在彼此勉励，父亲勉励儿子，哥哥勉励弟弟，妻子勉励丈夫，说："谁能像我们的君王这样爱民呀，你能不为他拼命吗？"

伍子胥听说勾践积极训练精兵的消息，求见夫差，流着眼泪说："大王一直相信越国是真心顺服，但是今天越国让范蠡日夜训练精兵，士兵操弄剑戟弓箭都十分熟练，一旦他们发动战事，吴国就有祸事发生了。大王如果不相信，可以派人去察看。"

夫差果然派人打听越国的消息，得知勾践的种种举动，让他的心中有一些不安。夫差对伯嚭说："越国已经臣服我国了，为何还那样积极练兵呢？"

"那是因为他们想努力捍卫大王恩赐的土地呀，一个国家练兵有什么值得奇怪的呢?"尽管伯嚭这样说,但是夫差还是放不下心,心里又起了攻打越国的念头。

就在这时候,孔子的学生子贡为了救鲁国,而奔走到吴国面见夫差。原来,鲁国曾经帮助吴国攻打齐国,齐国为了要报仇,打算先攻打鲁国。季康子听说自己的祖国有难,就派善于言辞的子贡出来找救兵,子贡连夜赶到吴国面见夫差,向夫差说明原由,但是夫差却犹豫地说:"齐国曾经说过要永远臣服于吴国,最近齐国没有定期来朝拜,我正想兴师问罪。不过最近越国勤练兵事,恐怕有谋反的行为,我打算先讨伐越国,再攻齐国也不迟。"

子贡心里明白,等吴国讨伐越国之后,鲁国早已被齐国灭了。子贡当然不能坐视孔子的祖国鲁国被灭,于是继续说:"万万不可!越国弱而齐国强,讨伐越国的利益小,而放纵齐国的后患大。如果大王害怕弱小的越国而躲避齐国,并非勇者。为了小利益而忘却大患,并非智者。如果丧失了智慧与勇气,那要如何争霸呢?大王如果顾虑越国,那么我愿意到越国去,为大王请求越国支持精兵攻打

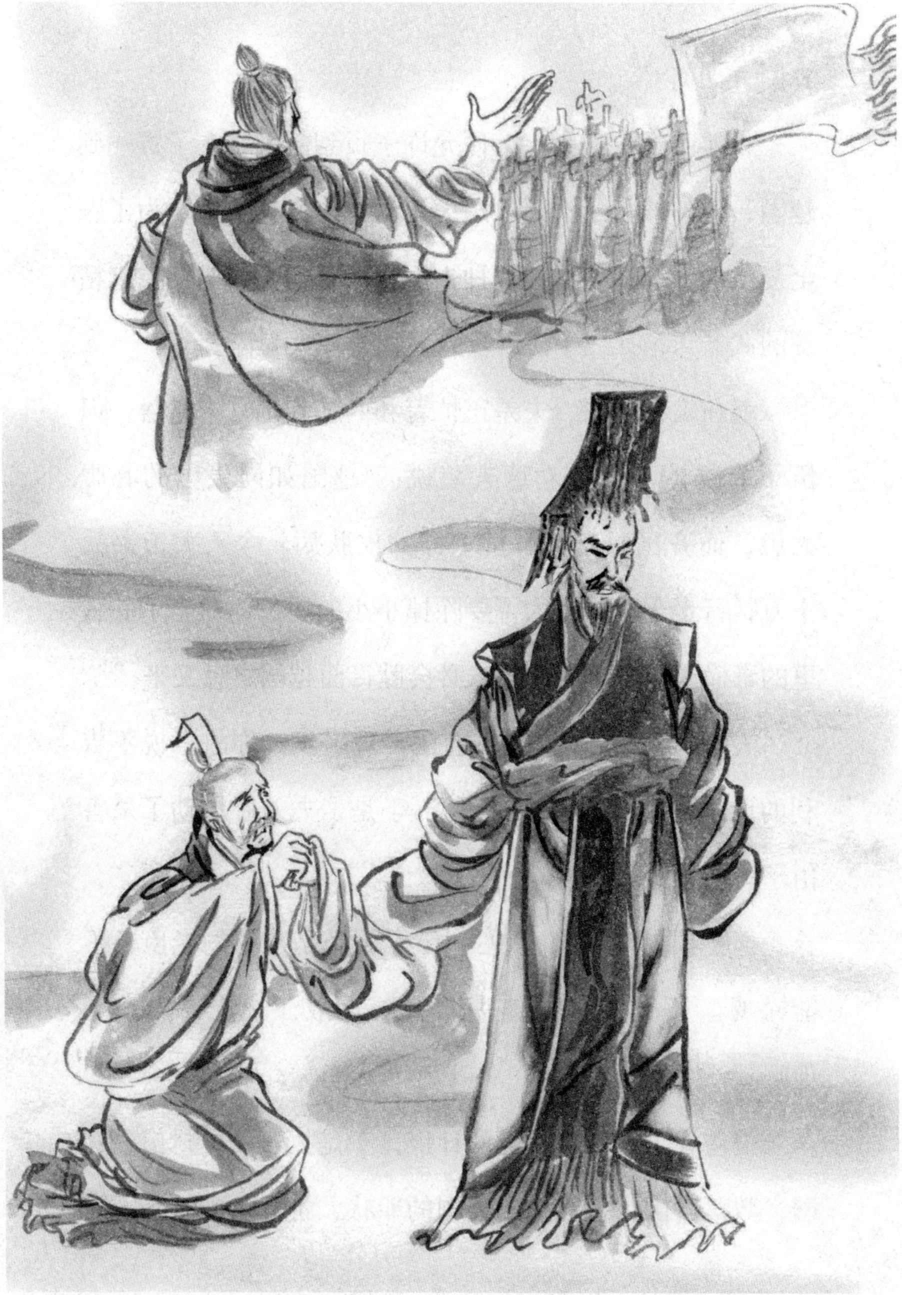

齐国，如何？"

夫差听了十分高兴，便允许子贡到越国去。子贡一到越国，对勾践说了夫差的疑虑，让勾践大为震惊，为了顾全复仇的大局，勾践让文种去面见夫差，表明愿意贡献精良的武器与精兵三千协助攻齐，让夫差大为惊喜。

就在发兵之前，夫差正忙着和西施到别宫去避暑，但伍子胥仍然不断地劝谏夫差说："越国如同吴国的心腹大患，而齐国只是像癣疥一样的皮肤病。今天大王兴兵十万，行走千里，就为了要除掉小小的癣疥，而忘了心腹里的毒瘤，臣下担心攻齐未必会胜，而越国之患又来。"

夫差大怒说："我发兵选在吉日出发，你故意说不吉利的话阻挠出兵，该当何罪？"于是，夫差心里动了杀害伍子胥的念头。

但是伯嚭却劝夫差说："伍子胥乃是前王的老臣，不能杀呀。不如大王派他去向齐国宣战，就让齐人杀了他吧。"

夫差大大地赞许伯嚭的计谋，于是故意发一封信到齐国，数落齐国伐鲁又怠慢吴国的罪状，希望能激怒齐国国君杀了伍子胥。伍子胥预料吴国一定会灭亡，便带着儿子伍封到齐国去见齐国君王。齐简公看到信之后，果然气得想杀伍子胥，但是大臣鲍息却劝说："伍子胥乃是吴国的忠臣，一直劝谏吴王不听，与吴王形同水火。今天派他来齐国，就是希望齐国杀了他，免得自毁名声。大王应该让伍子胥回国，让夫差自己承受恶名。"

于是齐简公善待伍子胥，而鲍息之所以为伍子胥求情，是因为他们原本就是朋友。鲍息私下会见伍子胥，询问吴国的事，伍子胥只是掉眼泪，一句话都不说，然后把儿子伍封托付给鲍息，寄居在鲍息家，并且改姓为王孙，鲍息心里明白伍子胥这么做，是打算以死劝谏吴王夫差。

伍子胥与属镂剑

吴国对齐国的战争，吴国打了漂亮的胜仗，不但解决了鲁国亡国的危机，也让齐国吃了苦头，夫差自然是志得意满，高兴极了。

在凯旋归来后，夫差聚集群臣大宴庆功，只有伍子胥默默无语。夫差不高兴地说："你力谏我不应该讨伐齐国，但如今得胜归来，唯独你没有战功，不感到羞愧吗？"

伍子胥气得大声说："上天将要亡一个国家，通常会有小小的喜事发生，然后才会有大忧患来到。打胜齐国不过是个小小的喜事罢了，臣担忧大患即将来到！"

夫差听了气得说："我许久不见相国，耳根子清静许多，今天又来聒噪不停，真是烦人！"说完捂起耳朵，闭起双眼。

突然，夫差又睁大眼睛看了很久，然后大叫说："怪事！"所有的臣子都急忙问发生了什么事。

夫差说："我看见四个人背对背相倚靠，突然间分四个方向走开。又看到下面有两个人面对面，北边人杀南边人，大家看到了吗？"

所有的臣子都说："没看见。"

伍子胥却说："四人相背而走，是四方国土离散的象征。而北边人杀南边人，则是臣子杀君主的象征，如果大王不知道反省，必定有杀身亡国之祸。"

夫差听了生气地说："你的话真是太不吉利了，我连听都不想听！"

伯嚭马上接着说:"四方离散,是为了吴国奔走,而吴国霸主总有一天会取代周朝天子,这是以下犯上。"

夫差听了脸上立刻浮现笑容说:"太宰说的话,能让人心胸开阔。而相国老了,说的话难免糊涂。"

过了几天,勾践亲自率领群臣来到吴国朝见,顺便庆贺战功。夫差在酒宴上说:"太宰伯嚭为我治兵有功,封赏为上卿;而越王勾践侍奉吴国尽心,将再增加越国国土,以酬赏协助讨伐齐国的功劳,大家以为如何?"

所有的臣子都大声说:"大王酬赏功劳,是霸王所做的事!"只有伍子胥趴在地上哭着说:"唉呀!忠臣的嘴巴闭起来,而只会讲谗言的臣子却在大王身边,说的都是错误的道理,把直的说成弯的,把黑的说成白的。像这样姑息养奸,总有一天会灭了吴国,到时候宫殿将会长出杂草!"

夫差终于按捺不住怒气,厉声地说:"老贼多奸诈,真是吴国的妖孽!只会专权逞威风,让吴国灭亡。我以前是看在先王的面子上,不忍心杀你。今天就把话说明白,请你自己离开吧,我不会留你的。"

伍子胥老泪纵横地说:"老臣若是不忠不信,也不可能成为先王的臣子。古有教训,忠臣死了,君王也会随着灭亡,老臣与大王永别,不再相见。"于是离开。

夫差的气还没消,伯嚭又接着说:"臣听说伍子胥到齐国的时候,把儿子托付给齐国的臣子鲍息,可见他有背叛吴国的心,请大王明察。"

于是,夫差请人送了一把名叫"属镂"的剑。当伍子胥接到剑的时候,他立刻明白了夫差的意思,叹口气说:"大王要我自杀。"

伍子胥悲痛欲绝地仰天大声呼喊:"天呀!天呀!奸臣伯嚭乱政,大王反而把我处死!我辅佐你的父王称霸诸侯,当你还没即王位的时候,诸王子争夺王位,先王本来不打算立你做大王,我不惜以生命为你力争,才使你顺利即位为吴王。我协助你破楚攻越,威震诸侯。今天你不听我的劝谏就算了,还听信奸臣的谗言,杀死对你有拥立之功的忠臣,明天越国的军队就会来到,攻打吴国!"

伍子胥说完,便对自己的随从说:"我死以后,你一定要在我的坟上栽种梓树,好用来给夫差做棺木。然后把

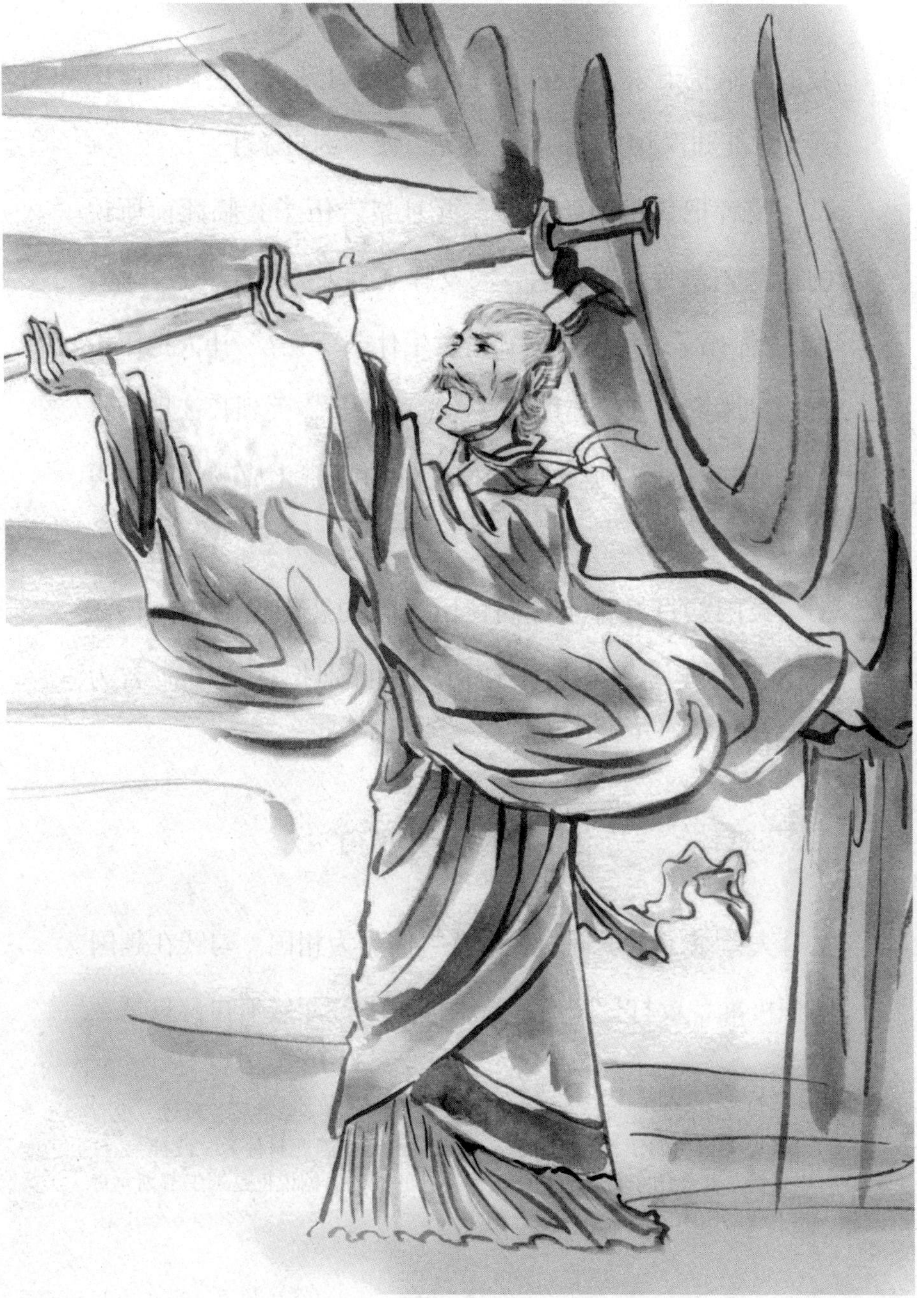

我的眼睛挖下来，挂在东门上，好能看到灭亡吴国的越国兵士，走进吴国的城门。"说完，便举剑自杀了。

使者把剑带回给夫差，并且禀告伍子胥临死前所说的话。夫差听了这些话，大发脾气，去看伍子胥的尸体，说："你死了之后，哪会知道发生什么事呢？"让人把伍子胥的尸体抬出来，装进用马皮缝的袋子，丢到长江里。然后说："就让鱼鳖吃掉你的肉，你的骨将化成灰，哪能再看得见？"①

吴国的百姓都十分同情伍子胥的悲惨遭遇，在长江岸上为他建了一座庙祭拜他，并特别把一座山命名为"胥山"。

伍子胥的预言应验了

夫差杀了伍子胥之后，就封伯嚭为相国。勾践在越国则积极准备攻打吴国的事情，但是夫差浑然不知，只是一

---

① 据说江水因此变得波涛汹涌，百姓都传说是伍子胥的冤魂所致。也有人说天帝怜悯伍子胥一片忠心，却被赐死，因此封他为"波神"。百姓为了纪念伍子胥，有划船庆祝迎神的活动，据说也是端午节划龙舟习俗的由来之一。

心陶醉在他将成为中原霸主的美梦中。

这时，勾践趁着夫差率领大军与其他国家商谈之时，带领精锐的军队进攻吴国，杀了吴国太子，把吴军困在城里，情势十分紧急。当夫差赶回国内，看到这样的情况，十分不高兴地对伯嚭说："当初是你一直说越国已经臣服，一定不会叛变，现在却发生这样的事。你应该去向越国求和，否则伍子胥用过的那把'属镂'剑还在，到时候就是你的！"

夫差的这番话让伯嚭胆战心惊起来，于是他只好到越军阵营，给勾践叩头，请越国给吴国机会，吴国会向越国进贡，如同从前越国向吴国进贡一样。

范蠡对勾践说："目前我们还没有能力完全灭了吴国，就先答应他们的请求，让夫差认为是太宰的功劳，日后吴国也不会振作起来的。"

于是勾践答应伯嚭的请求，班师回朝。

自从越国退兵之后，夫差还是继续沉溺在酒色之中，也不管理国政，国内又连年饥荒，百姓过着辛苦贫穷的日子。勾践听说这样的情况，觉得是讨伐吴国的好时机，于是再度兴兵攻打吴国。

夫差听到越国再度攻打吴国的消息，也带着军队迎战，但是军队长久缺乏操练，根本就不是越军的对手，连连吃了败仗，大将被斩杀，大军节节败退，夫差逃回城里，越国的军队把吴国的都城团团包围住，夫差一筹莫展，伯嚭又装病不敢出来，夫差便派王孙雄光着上身，用膝盖行走，请越王放吴国一马，说："孤臣夫差，得罪大王，希望能顾念从前的情谊，饶夫差不死。"

勾践看了于心不忍，想同意夫差的请求，但是范蠡却劝说："大王早起晚睡，总共忙了二十年，为何要放弃眼前的成功呢？"于是勾践不准夫差的请求，吴国一共派了七次使节交涉，文种与范蠡都坚持不能答应。

最后越军终于攻破城门，伯嚭立刻投降，而夫差则与王孙雄逃到阳山，但还是被越军追上，最后勾践送给夫差"步光"剑，派人告诉夫差说："世界上没有长生不老的君王，总有一死，又何必让我们越国的军队杀了大王呢？"

夫差听了，大叹道："我杀了忠臣伍子胥，现在后悔已经晚了！"然后又对身边的人说："我无脸见伍子胥，等我死了以后，请用布把我的脸遮住。"说完，就拔剑自杀了。

勾践进入吴国宫殿之后，所有的官员都一同庆贺勾践的胜利，伯嚭也在其中，他心想过去自己对勾践有恩，脸上还露出得意的笑容。勾践却对伯嚭说："你是吴国的太宰，我哪敢屈就你在此呢？你的君王夫差在阳山，你为何不跟随他呢？"

伯嚭听了，面有愧色地离开了。勾践后来派人杀了伯嚭，灭了他全家，他告诉文种与范蠡说："我以此来回报伍子胥对吴王夫差的忠心。"

在司马迁的《史记》中，太史公司马迁给伍子胥的评价是这样的："如果伍子胥和他的父亲伍奢一起死，那他的生命和一只小小的蝼蚁一样，无足轻重。放弃小小的义理，来洗雪大耻辱，使英名永垂后世。当伍子胥落难在长江岸，在途中行乞，他都没有忘记楚国郢都的杀父之仇，所以才能忍受所有的痛苦而成就功名，除非是英雄伟人，谁还能办得到呢！"

伍子胥年轻的时候因为昏昧的楚平王，而遭致全家被杀、自己逃亡异国的命运，后来凭借着才华与毅力，报了大仇，但在年老的时候，还是因为君主不明事理而惨死，这样的命运真是令人悲叹。他的一生充满传奇，他的名字在历史中流传不朽。

伍子胥小档案

前 522 年　父兄被楚平王所杀，逃至郑国，后到吴国。

前 515 年　公子姬光宴请吴王僚，以伍子胥之谋，派人刺死吴王僚，后公子姬光自立为王，是为吴王阖闾。

前 512 年　向阖闾推荐孙武。

前 506 年　阖闾率伍子胥、孙武攻下楚国都，伍子胥鞭楚平王尸，终得以报仇。

前 496 年　阖闾征越，受伤而亡。

前 495 年　阖闾之子夫差继位。

前 494 年　吴国大败越国，吴王夫差不顾伍子胥的反对，同意越王勾践的求和。

前 491 年　不满夫差放勾践归越，君臣之间的关系日渐恶化。

前 484 年　被夫差赐死。